한 달에 두 번,
우리는
글 쓰는 식구가 됩니다

열다 시리즈 2

함께 읽고
함께 쓰고
함께 성장한
8개월의 기록

한 달에 두 번, 우리는 글 쓰는 식구가 됩니다

촬 스

비 비

혜 윰

이부자

오리너구리

들어가는 말

시작은,

사소한 일이었다. 하루는 책방 단골 H님이 '한 작가 전작 읽기'로 독서 모임을 만들어보자고 제안했다. 첫 모임에 4명이 모였다. 인원이 많지는 않았지만 재미있었다. 모임이 끝나갈 때쯤 일이 커지기 시작했다. 글을 쓰고 싶다고 했다. 읽는 것도 포기할 수 없다 했다. 그래서 한 달에 한 권씩 읽고 짧은 글을 써보자고 제안했다. 하루에 다 하면 힘드니까 두 번에 나눠서.

안 한다고 할 줄 알았다-prefer not to be-. 다들 바쁠 텐데 시간 쪼개서 한 달에 두 번이나 책방에 올 수 있을까 생각했다. 그런데 한단다. 초기에 멤버가 교체되는 등 약간의 변동이 있기는 했지만, 결국 한 달에 한 권씩 읽고 책과 관련한 글을 쓰는 모임이 만들어졌다.

본격적으로 시작한 건 5월. 12월까지 총 8개월이 우리에겐 주어졌다. 멤버가 4명이니 돌아가면서 책을 한 권씩 추천하기로 했다. 2주 차에 읽은 내용으로 대화를 나누고, 4주 차에 대화를 바탕으로 각각 글을 써보자고 했다. 글이 꼭 책의 내용과 직접적으로 연관될 필요는 없었다. 우리의 생각과 감정의 폭을 확장하는 것이 목적이었으므로. 형식이 에세이로 집중될 가능성이 있어 중간에 소설과 시를 쓰는 시간도 어떻게든 넣기로 했다. 이 모든 결정이 일사천리, 만장일치로 진행되었다.

그런데 문제가 생겼다. 주중에 진행하다 보니 퇴근 후 바로 책방으로 오는 멤버는 저녁 식사를 할 수가 없었다. 그래서 물었다.

"오늘 뭐 먹을까요?"

이 이야기는 한 달에 두 번, 함께 읽고 생각을 나누고 글을 쓰며, 밥을 먹은 우리들의 이야기이다.

- 촬스

차례

들어가는 말 시작은, ··· 06

찰스's Pick
읽으면 공감할 수 있나요?

나는 왜 쓰는가

INTRODUCTION	··· 14
내가 쓰는 이유 `찰스`	··· 17
나를 위해 건배 `비비`	··· 20
솔직할 용기 `혜윰`	··· 24
간 `이부자`	··· 28

고통에 공감한다는 착각

INTRODUCTION	··· 33
눈치와 공감 `찰스`	··· 36
고통에 대한 공감은 일회용이었다 `비비`	··· 39
안다는 착각 `혜윰`	··· 42
주워 담는 말 `이부자`	··· 46

비비's Pick

그거 알아?
고래도 키스할 때 눈을 감는대

고래

INTRODUCTION	⋯ 52
긁지 못하는 가려움 `비비`	⋯ 54
은하수 `혜윰`	⋯ 60
뮤렌 `이부자`	⋯69
나를 살게 할 `찰스`	⋯ 91

우리가 키스할 때 눈을 감는 건

INTRODUCTION	⋯ 97
일흔 그리고 노부부 이야기 `비비`	⋯ 99
이인삼각 `혜윰`	⋯ 104
선 `이부자`	⋯ 109
뜸 `찰스`	⋯ 113

혜윰's Pick

원, 네가 가르쳐줘

남자들은 자꾸 나를 가르치려 든다

INTRODUCTION	⋯ 118
알고 나니 보이는 것 `혜윰`	⋯ 121
유진에게 `이부자`	⋯ 126
가르치려 들지 좀 마 `활스`	⋯ 132
명절 독립 `비비`	⋯ 136

유원

INTRODUCTION	⋯ 141
저의 베프를 소개합니다 `혜윰`	⋯ 144
급속사망 `이부자`	⋯ 148
엇갈린 기억 `활스`	⋯ 153
커피 한잔 할래요? `비비`	⋯ 157

이부자's Pick

동해에 빼앗긴 마음

동해 생활

INTRODUCTION	⋯ 162
여행을 그렇게 가고 싶냐? 네. `이부자`	⋯ 165
담벼락(기억의 조각 모음) `찰스`	⋯ 170
여행 중독자 `비비`	⋯ 176
그날은 그게 나의 최선이었다 `혜윰`	⋯ 182

빼앗긴 자들

INTRODUCTION	⋯ 188
쿰바카 `이부자`	⋯ 190
바보스러웠다고 말했잖아 `찰스`	⋯ 192
세 번째 방 `비비`	⋯ 194
울음이 한자리에 머물면 `혜윰`	⋯ 196

나오는 말 팔 개월의, ⋯ 200
부록 우리가 함께 읽은 책 ⋯ 204

읽으면 공감할 수 있나요?

찰스's Pick

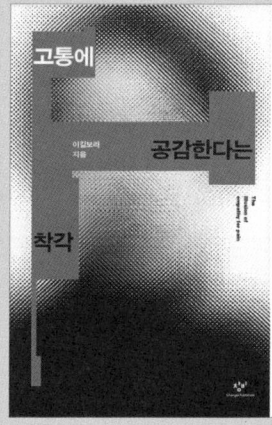

나는 왜 쓰는가
introduction

 글쓰기의 사회적 가치에 대해 '조지 오웰'보다 더 잘 알았던 사람이 있을까. 우리는 조지 오웰을 『1984』와 『동물농장』으로만 알고 있지만, 사실 그는 소설보다는 산문과 기사를 훨씬 많이 쓴 저널리스트이다. 그의 글은 부드럽지 않다. 나는 그의 문장이 아름답다고 생각하지 않는다. 하지만 좋아한다. '멋지다'라는 느낌에 가깝다. 사람과 사회를 깊게 들여다본 후 날카롭고 정확하게 찔러 들어오는 그의 문장들은 소름이 끼친다.

 조지 오웰의 대표작, 『1984』를 먼저 읽었다. 만족스럽지 않았다. 말하고 싶은 것이 있는데 플롯과 은유로 감춰서 돌려 표현하는 것 같았다. 직설적인 말을 듣고 싶었다. 통렬한 사회비판을, 인간 본성에 대한 지적을, 글의 가치에 관한 생각을 인상 팍팍 쓰는 괴팍한 남자에게 직접 듣고 싶었다. 그러기에는 소설보다는 에세이가 훨씬 나을 것이었다. 그래서 멤버들을 꼬셨다. 『나는 왜 쓰는가』라는 제목은 나의 본심을 가려주는 데 큰 역할을 했다. 다들 글쓰기와 관련된 책인 줄 알고 콜을 외쳤다.

『나는 왜 쓰는가』는 조지 오웰이 1931년에서 1948년까지 쓴 수백 편의 에세이 중 대표작이라 할 만한 글 29편을 편역자가 모아 펴낸 책이다. 조지 오웰의 공식적인 등단이 1933년(소설 「파리와 런던의 안팎에서」)이고 사망 시기가 1950년임을 고려하면 거의 전 생애에 걸친 글 중 유명한 글은 다 모았다고 해도 과언은 아닐 것이다.

표지를 여는 순간 멤버들의 기대는 깨졌다(물론 내 기대는 충족되었다). 첫 글의 제목 「스파이크(The spike)」는 런던의 부랑자 임시 숙소를 말한다. 식민지 버마(미얀마)에서 경찰 생활을 그만둔 그는 영국에 들어와서 한동안 밑바닥 생활을 전전했는데, 그때 잡혀들어간 스파이크에서 발견한 사람들의 이야기를 글로 썼다. 『나는 왜 쓰는가』에는 이외에도 정치, 사회 분야의 다양한 글이 실려 있다. 정작 기대한 글쓰기에 대한 글은 5~6꼭지에 불과하고 그나마도 글쓰기와 사회의 관계에 관한 이야기가 대부분이다. 이유는 명확하다. 조지 오웰은 「문학 예방」이라는 글에서 그 이유를 명확히 밝힌다. "진정으로 비정치적인 문학 같은 건 없기 때문이"(231p)라고.

독서 모임에서도 '문학 혹은 글쓰기에서의 정치성'이라는 키워드가 중요하게 다뤄졌다. 비정치적인 글 또는 발언이 있을 수 있을까? 우리는 사회적 맥락 안에서 이야기를 하고 글을 쓴다. 발화된 말도, 그렇지 않은 말도 나름의 입장과 태도를 지닐 수밖에 없다. 소설에 현대의 사회 시스템을 긍정적으로(혹은 당연하다는 듯) 반영했다면 그것은 현재 사회에 친화적인 태도를 암시할 것이다. 비판적으로 반영하거나 혹은 아예 알아볼 수 없도록 표현한다면 그것이 작가가 현재 사회에 불만이 있음을 암시할 테고.

조지 오웰은 분명하게 인지하고 쓰라고 말한다. 그는 좋은 글을 위해 다음의 네 가지 질문을 던질 것을 제안한다. "내가 무슨 말을 하고자 하는가? 어떤 단어를 써서 그것을 표현할 것인가? 어떤 이미지나 숙어를 쓰면 뜻이 더 분명해지는가? 이 이미지는 효과를 낼 만큼 참신한가?" 가능하다면 두 가지를 더 질문하면 좋을 것이다. "문장을 좀 더 짧게 쓸 수는 없는가? 꼴사나운 부분 중에 고칠 수 있는 데는 없는가?"(「정치와 영어」 268~269p) 아마도 이 중에서 가장 중요한 질문은 "내가 무슨 말을 하고자 하는가?"일 것이다. 내가 하고 싶은 말이 무엇인지, 사람들에게 어떤 영향을 미칠지 명확히 알지 못한다면 그 글은 공기 중에 흩어져버릴 것이다.

이런 책을 읽고 네 명의 멤버는 어떤 글을 썼을까?

내가 쓰는 이유

| 찰스 |

나는 왜 쓰는가. 나는 무엇을 쓰는가. 나의 글은 어디를 향하는가.

조지 오웰은 자신의 에세이에서 글 쓰는 동기를 '순전한 이기심, 미학적 열정, 역사적 충동, 정치적 목적'으로 보았다. 정치적인 글을 아름답게 쓰기로는 조지 오웰을 따라올 자가 없음이 널리 인정받았으니 그의 '순전한 이기심'도 충분히 채워지지 않았을까.

우리 모두가 아는 조지 오웰의 소설 『1984』와 『동물농장』 모두 시대를 관통하는 주제의식을 논리적이면서도 유려한 문장에 담고 있는 것으로 유명하다. 또한 에세이는 논픽션의 이점을 살려 그의 생각을 직접적이면서도 명확하게 그려내고 있다. 그가 쓰고 발표한 글로 인해 전 세계가 파시즘으로부터 구원받았다고 해도 과언이 아닐 것이다.

그렇다면 나는? 나는 지금 왜 여기에 앉아 있는가. 글쓰기를 통해 내가 얻고자 하는 것은 무엇인가. 글쓰기를 통해 내가 전하고자 하는 것은 무엇인가. 나는 아름다움을 추구하는가? 나는 기록을 전하기를 원하는가? 나는 남을 내 의도대로 움직이게 하고 싶은가? 셋 다 아니라면 아마도 나는 순전한 이기심으로, 나를 위해 글을 쓰는 것일 터다.

나를 위해 글을 쓴다는 것은 무엇인가. 나는 마음의 안정이나 자신의 고찰을 위해 글을 쓰는가. 나의 상상력을 통해 새로운 세상을 창조하고자 하는 욕구로 글을 쓰는가. 혹은 가슴에 쌓이고 쌓인 이야기들을 꺼내어 놓지 않고서는 배길 수 없어서 손으로 쏟아놓는 중인가. 아니다. 모두 아니다. 그렇다면 나는 왜 쓰는가. 나는 무엇을 쓰고 있으며 그 글은 어디를 향하는가.

생각을 파고들어 보자. 글이란 무엇일까? 내게 있어 글은 '정보'나 '감정'을 전하는 수단이다. 그런데 내게는 전하고 싶은 감정이 없다. 그러니 내가 전할 것은 정보뿐이다. 누군가를 통해 전달되는(또는 되어야만 하는) 정보를 우리는 흔히 '지식'이라고 부른다. 그렇다면 나는 지식을 전하는 자가 되고 싶은 것인가. 마치 유시민 작가가 스스로를 '지식 소매상'이라고 말하는 것처럼, 나 또한 내가 공부하고 경험해온 지식들을 모으고 정리하여 포장한 후에 마치 이 포장 안에 인생에 큰 가치가 될 만한 것들이 있는 양 타인을 유혹하고자 하는 것인가. 그럴싸하다.

잠깐. 유혹이라고? 글에 유혹은 도대체 왜 필요한 것인가. 글은 읽는 자로 하여금 쓴 자에게 다소의 애정과 존경하는 마음을 갖게 만든다. 글의 유혹이 능수능란할수록 읽는 자는 쓴 자에게 더욱 종속된다. 그렇다면 내가 추구하는 것은 얼굴 한 번 본 적 없는, 대한민국 어디에 사는지 알 수도 없는 누구 씨의 애정과 존경이란 말인가. 영 탐탁지 않지만 부정할 수가 없다.

여보시오 의사 양반, 내가, 내가 관심병이라니.

스스로가 관심 병자임을 깨닫는 것은 과히 유쾌한 기분은 아니다. 하지만 모든 이들은 타인의 관심과 애정을 갈구하지 않는가. 이러한 갈구는 군집 생활을 하는 동물이라면 본능적인 욕망일 것이다. 이는 소통의 필요성으로 나타나고, 주체가 편안하게 느끼는 소통의 방식에 따라 다양한 수단으로 나타난다. 그 방식이 대화라면 강연과 토크쇼 등의 방법으로 사람들에게 다가갈 것이며, 읽기라면 저술을 선택할 것이다.

이제는 인정할 수밖에 없다. 나는 관심을 받고 싶고 이를 위해 글을 쓴다. 독자가 없는 글은 내게 무의미한 글이다. 나는 읽히기 위한 글을 쓸 것이며, 이를 위해 독자들에게 유용한 정보를 제공하거나 표현에 해학을 얹는 등 할 수 있는 모든 수단을 동원할 것이다. 내가 알고 있는 것들이 다른 이들의 삶에 조그마한 도움이 되면 좋고, 그래서 읽는 자들이 나에 관해 관심과 애정을 가져주면 더 좋고, 인세 수익이 나면 더더더 좋고!

나를 위해 건배

| 비비 |

　성인이 된 후로 나에게 꿈이 무엇이냐고 묻는 사람이 없었다. 묻지 않으니 생각할 겨를이 없었고 진짜 내가 원하는 꿈이 무엇인지 나조차 궁금해하지 않았다. 그러다 2023년 공저로 『엄마 작가가 되다』를 출간하게 되면서 내 삶 속으로 글쓰기가 불쑥 들어왔다.

　단 한 번도 꿈꾸지 않은 적이 없었던 나였다. 늘 엄마이면서 무언가가 되고 싶었다. 30년을 '나'로 살았고 14년을 누군가의 '엄마'로 살았다. 엄마로 사는 동안 이따금 그때의 '나'를 그리워하는 자신을 발견했다.

　누군가의 딸, 아내, 엄마로 살았던 시간이 있었기에 지금의 내가 존재한다는 걸 잘 알고 있다. 나를 잊어버리고 산 시간 동안 경험해보지 못한 감정의 너울에 힘들어할 때도 있었고, 이렇게 웃으며 하루를 보내도 되나 싶을 정도로 안온한 기분을 느낀 적도 있었다. 행여 그 행복을 표출하면 나의 일상을 시기하는 불행이 찾아올까 봐 오지 않은 미래의 불행을 걱정하기도 했다. 그러다 우연히 발견하게 된 글쓰기라는 끌림을 외면할 수 없었다.

조지 오웰은 대여섯 살 때부터 자신이 커서 작가가 되리란 걸 알고 있었다고 한다. 그는 자신이 어떤 종류의 책을 쓰고 싶어 하는지 꽤 분명히 알고 있는 사람이라고 말한다. 그런 그와는 달리 나는 글쓰기에 남다른 재능을 가진 사람도 아닐뿐더러 어떤 글을 쓰고 싶은지 한 번도 생각해본 적 없는 사람이었다. 막연히 쓰다 보니 나의 글은 금세 바닥을 드러냈다. 하지만 멈추고 싶은 생각은 없었다. 잘 쓰고 싶은 마음은 배우고 싶은 마음으로 이어졌고 배우다 보니 더 많이 읽어야 한다는 생각으로 뻗어갔다.

매주 글쓰기를 배우러 서울과 인천을 오가는 길에는 설렘이 가득했다. 과제를 해내느라 밤을 새우고 글쓰기에 빠져 다른 생은 없는 것처럼 몰입하며 지냈고 창작의 고통을 직면하게 되었다. 혼자 읽고 쓰던 글에서 누군가에게 읽히는 글을 쓰기까지 과정은 순탄치 않았다. 혼자 쓰는 글과 누군가에게 읽히는 글을 쓸 때는 글 모양새도 마음가짐도 달랐다. 하나의 글을 생산하는 과정에서 사유하고 고통을 느끼고 마침표를 찍었을 때 나는 통쾌함마저 느꼈다.

한 달에 한 권 겨우 읽던 사람이 일 년 동안 50권이 넘는 책을 읽었다. 때로는 책 읽는 속도보다 사는 속도가 앞서 책장에

수북이 쌓인 책들을 보고 있으면 한숨이 나올 때도 있다. 독서를 쉬었다 갈지언정 멈추지 않았다. 마음이 흔들릴 때 글을 썼고 위안이 필요할 때 책을 읽었다. 읽고 쓰고 배우는 일상 속에서 나는 단단해지고 있었다.

쓰다 보니 좋은 사람들을 만났고 읽다 보니 하고 싶은 일을 찾게 되었다. 쓰는 사람에서 읽는 사람으로 자유롭게 드나드는 일상을 마주하게 되었고 책을 사는 사람에서 만드는 사람으로 진화했다.

마흔 넘어 비로소 내 꿈을 향한 길을 찾았다. 우연히 만난 글쓰기를 통해 과거의 나에게 위로를 건네고 현재의 나를 응원할 수 있는 사람도 나뿐임을 알게 되었다.

글쓰기를 시작했을 뿐인데 미래의 나를 꿈꾸게 되었다. 글쓰기를 하면서 미처 몰랐던 나와 점점 가까워지는 중이다. 글 속에서 묻는 이도 답하는 이도 모두 나였지만 듣는 이가 진심을 다해 들어주었기에 망설이지 않고 써 내려갈 수 있었다. 여전히 내 글에 대한 확신은 없지만 십 년 뒤에도 이십 년 뒤에도 나는 읽고 쓰는 삶 속에서 유영하고 있으리라 믿는다.

글쓰기를 했을 뿐인데 나는 일상에서 만져지는 행복의 감촉을 글로 표현하고 느끼는 사람으로 변했다. 매일 믹스 커피 한 잔의 달콤함으로 하루의 문을 열고 노트북을 켠다. 머릿속에 엉킨 문장들을 하나씩 풀어내 하얀 여백에 에세이와 소설을 엮어내면 지금까지 맛보지 못했던 또 다른 삶 속으로 빠져드는 기분이다.

사십 평생 나를 위해 건배해본 적이 없다. 늘 그대를 위해, 당신들을 위해 힘차게 건배했던 지난날이었다. 오늘은 나를 위해 건배한다. 작가가 된 비비를 위해 건배!!

솔직할 용기

| 혜육 |

내가 쓴 문장들을 꺼내 본다. 이건 비관적이라서 안 되고, 이건 사회 비판적이라서 안 되고, 저건 터무니없이 희망적이라서 안 되고, 저건 나를 너무 까발려서 안 되고, 이건 가족 이야기라서 안 되겠다. 안 되는 이유만 백만 가지다. 그럼 쓰지 말아야지. 아님 일기장에나 쓰든가.

아니다. 나는 혼자 보는 글을 쓰고 싶지 않다. 겪었던 일과 그때의 감정을 공유하고 공감받고 싶다. 내 글을 읽는 이의 마음을 건드리고 아주 작은 흔들림이라도 있었으면 좋겠다. 그런 글을 쓰고 싶다.

왜 꺼내어 보여주지 못하고 주저하고 있는지 생각해본다. 어떤 글이든 읽을 사람은 읽을 것이고, 읽지 않을 사람은 읽지 않을 것이다. 읽은 사람 중에서도 호불호가 나뉠 것이다. 내 글만이 아니라 모든 글에 그렇다. 무엇이 두려운 것인가? 책을 읽고 이야기를 나누는 자리에서 나는 글을 쓰고 싶지만, 정치적이란 말은 듣고 싶지 않다고 말했다. 나의 말에 '사람은 어떤 말을 하든 정치적일 수밖에 없다'라며 누군가 반박했고 나는 적당히 끄덕이기만 했다. 나는 정치적이라는 말에 대해 오래 생각했다. 어쩌면 정치적이나 비판적이라는 말을 들을까 봐 겁이 나 있었던 것 같다. 그러나 내가 하는 말과 글은 충분히 그런 평을 들을 만하다. 책에서도 지식인이라면 나름의 선호가 있고 정치에 개입할 수밖에 없으니 정치적 글쓰기를 해야 한다고 했다.

최근에 읽은 한나 아렌트의 『인간의 조건』에서도 비슷한 내용의 문장이 나온다. "말의 적실성(的實性)이 문제되는 곳에서는 어디에서나 정치가 적용된다. 말은 인간을 정치적 존재로 만들기 때문이다."(80p)라고 했다.

책에는 글을 쓰는 동기를 소개하고 있다. 나도 저자처럼 똑똑해 보이고 싶고 이야깃거리가 되고 싶어서 글을 쓰고 싶다. 기억에 남고 싶은 순전한 이기심, 아름다움에 대해 쓰고 싶은 미학적 열정, 후세에 남기고 싶은 역사적 충동만큼이나 정치적 목적이 있는 글을 쓰고 싶다. 그러나 나는 이런 동기가 아니라 순수한 마음 때문에 글을 쓴다고 우기고 있었다. 순전히 글을 쓰고 싶은 마음만 있다고. 목적 같은 것은 없다고. 그렇게 부정해온 탓에 마음은 늘 물먹은 솜이불처럼 무거웠다.

동기는 그렇다고 치자. 그럼 글을 쓰고 싶다면서 뭐가 두려운지 다시 생각해본다. 욕심 때문이다. 인정받을 수 있는 글만 쓰고 싶은 거다. 남들이 좋아할 글만 쓰고 싶은 거다.

사람들은 보통의 삶 또는 누구나 바라는 삶의 이야기를 해주길 원하는 것 같다. 돈 없고, 차별당하는 이야기는 알고 싶어 하지 않는다. 그러나 아픔이나 우울을 극복하는 이야기는 괜찮다. 책으로 극복 가능하니까. 돈이 없는 이야기가 아니니까. 그래서 나도 남들이 듣고 싶어 하는 글을 쓰려고 했다. 남들이 하는 것, 가진 것, 누리는 것을 나도 하고 있는 척했다. 거짓말이었다. 사실은 하나도 하지 못하면서. 내 이야기가 다른 사람에게 이상하게 보이지는 않을까 전전긍긍했다. 하루를 근근이 살아가는 사람 이야기를 쓰며 그거 네 얘기 아냐?라고 물어볼까 봐 겁을 냈다.

하고 싶은 이야기를 써놓고 혼자만 봤다. 점점 혼자만 보는 글에도 거짓이 짙어졌다. 내 얘기가 아닌 척하려고 했다. 그럴수록 글은 이상해졌다. 그러다 눈을 돌린 게 페미니즘이고 비정규직의 이야기이다. 이 정도면 꽤 괜찮은 소재이고 트렌드에 발맞춰 가는 것 같았다. 물론 내가 겪은 이야기이기도 했으니까. 비겁하게 글 뒤에 숨어서 정치적이란 말을 듣고 싶지 않다고 했다. 나는 더 솔직해질 필요가 있다.

여기까지가 처음에 썼던 글이다. 이 글을 쓸 때 앞으로는 솔직하고 정확하게 쓰겠다고 다짐했었다. 그렇게 했을까? 아니다. 여전히 나는 거짓말이 난무하는 글을 쓴다. 아니 말도 그렇게 한다. 아직도 내 얘기가 아닌 척한다. 달라진 점이 있다면 하나만은 명확하게 표현한다는 것이다. 예를 들어 전에는 '페미니즘 관련 책을 좀 읽는다'거나 '페미니스트 같은 거'라고 표현했다. 나는 페미니스트가 아니고 관심이 있는 사람이라는 정도로 뭉갰다. 지금은 당당히 페미니스트라고 한다.

사람들은 안다. 이 사람이 진심을 다해 썼는지 무언가를 감추고 그럴듯하게 썼는지. 에세이 쓰기 모임 합평을 통해 깨달은 것이다. 이 정도만 쓰자 했던 글은 여지없이 들켰다. 부끄러웠다. 어떻게 하면 제대로 쓸 수 있을지 오래도록 고민했다.

솔직히 아직도 모르겠다. 공부가 더 필요한 것인지 쓰기를 얼마나 자주, 얼마나 많이 해야 하는지 모르겠다. 그래도 내가 솔직해질 용기가 있는지를 가늠해봐야 한다는 것은 안다. 준비도 되지 않은 채 쓰면 안 된다는 걸 안다. 아예 모르는 것보다는 낫지 않을까. 그리고 변함없는 마음도 있다. 쓰고 싶고 쓰고 싶으니 나는 더 솔직해질 필요가 있다는 것 말이다.

간

| 이부자 |

    초등학교 2학년 이부자, 생애 첫 글쓰기 대회에서 금상을 받다. 대회 전까지 글을 쓴 거라곤 일기밖에 없었다. 이 기억은 나름 나에게 강렬하게 남아 있는 데 그 이유는 상을 받은 것 자체보다는 인생 최초로 나에 대해서 생각해보게 된 계기였기 때문이다. 내 글쓰기 주제는 「헨젤과 그레텔」에 나오는 마녀에 대한 글이었다. 마지막 문장을 잠시 소개하겠다.

    "헨젤과 그레텔 같은 어린애들의 말을 믿은 마녀가 바보다. 사람을 쉽게 믿으면 안 된다."

    초등학생 2학년이 쓴 글치고는 굉장히 비관적이다. 성인 된 지금은 사람을 쉽게 믿지 말라는 말은 당연한 말이지만 초등학생 2학년짜리 주제에 이런 글을 썼다는 것이 당시 심사위원들에겐 꽤나 흥미로웠던 것 같다. 과연 그 어린아이가 '믿음'이라는 것이 뭔지는 알았을까? 정확하게 그때 어떤 생각으로 저런 글을 썼는지는 기억이 나지 않지만 확실한 것은 저 때를 기준으로 처음으로 내가 부정적인 생각을 한다는 것을 인지했다.

글쓰기는 작가의 성향을 담을 수밖에 없다. 하지만 성향과 좋아하는 것이 항상 같을 순 없다. 난 희망과 감동이 가득한 휴머니즘 재질의 글을 좋아하는데 앞서 말했다시피 나는 삐딱한 사고방식의 전형이다. 게다가 나이 먹으면서 더 심화되었다. 지나가는 어린애를 보면 '쟤는 언제 크나?', '우리나라가 지금도 이렇게 엉망인데 저 아이가 어른이 되었을 때 더 엉망이면 어쩌지'라는 쓸데없는 걱정을 한다.

아이는 그냥 지나가고 있을 뿐인데 음침한 어른이 뒤에서 자신을 두고 이런 생각하는지 절대 모르겠지. 맛있는 밥을 먹으면 맛있다에서 끝나는 게 아니라 '무슨 조미료를 쓴 거야'를 생각하고 카페에서 음료수를 마셔도 '액상과당이 어쩌고저쩌고…' 나랑 다니는 사람들이 나한테 진절머리를 내는 상황은 꽤 흔했다. 무슨 상황이든 장점보단 단점과 비판점을 먼저 생각하는 건 어느새 나의 능력(?)이 되어버렸다.

하지만 부정적인 사고는 결국 자신에게 악영향을 끼칠 수밖에 없다. 불만은 다른 말로 셀프 스트레스다. 스트레스를 받으면 밥부터 안 들어가는 나는 분기별로 핼쑥해졌고 건강이 악화되니 인간관계도 당연히 엉망진창이 되어버렸다.

어느 날 '왜 나는 이렇게밖에 생각을 못 하지?'라고 떠올린 순간부터 내 사고의 화살은 나를 향했고 우울과 자기혐오라는 요소가 덤으로 딸려왔다. 수직 하락한 삶의 질을 끌어올리고 빌빌대는 나를 어떻게든 기워서 살아가기 위해 여러 방법을 동원했다. 그중에서 가장 효과적이었던 것은 앞서 말한 '희망과 감동이 가득한 휴머니즘 글'이다. 힘들 때 책을 꺼내들었다.

현실도피의 방법으로 독서를 선택했지만 결국 책에서 힘과 희망을 얻어 다시 나아갔다. 희망적인 글을 좋아하게 된 건 당연했고 이미 다 사라져버렸다고 생각한 야망이 내 안에 존재한다는 걸 느낀 것은 필연이었다. 그 야망이란 내가 받은 위로만큼 누군가에게 위로를 줄 수 있는 글을 쓰고 싶은 것이다. 하지만 어떤 글을 써도 초등학교 2학년 글에서 벗어나질 못했다. 사람이 하루아침에 변하지 않듯 좋은 의도의 말을 전하기에 취약한 내가 갑자기 따뜻한 글을 쓸 수는 없었다. 좋은 말을 쓰려 해도 진심이 담기지 않았고 결국 어디서 본 것 같은 상투적인 문장만 나열했다.

내가 쓰고 싶은 글을 만족스럽게 쓰지 못하는 게 반복되니까 '난 글쓰기에 재능이 없다'라는 부정적인 결론을 내려버렸다. 마침 취업 준비라는 손쉬운 핑계를 대어 나는 글쓰기를 손에서 놓았다.

그렇게 한동안 글쓰기를 잊고 있던 내게 글을 써야 하는 기회가 다시 찾아왔다. 떡잎부정맨도 쉽게 적응할 수 있는 조직이 있다. 바로 '시민단체'이다. 태생적으로 비관적인 나는 내 상황에 불만을 가지는 것을 넘어 나를 둘러싼 이 세상에 대해서도 불만을 가졌다. 따라서 자연스럽게 내 직업과 관련된 시민단체에서 일하게 됐다.

시민활동가로 일하며 기자회견에 발언자로 많이 참석했고 기자회견문, 발언문, 성명문 등 공적인 글을 많이 썼다. 이 글들의 특성은 현 상황에 대한 문제점과 그것에 대한 개선방안을 나열하는 것이다.

불만이 가득한 나는 하고 싶은 말을 모두 쓰기 위해 손에 불이라도 붙은 듯 거의 이틀에 하나꼴로 글을 써서 올리곤 했다. 그 당시엔 내가 한 행위가 '글쓰기'란 생각을 못 했다. 왜냐하면 나에게 글쓰기의 정의는 '전달하고자 하는 의미가 명백하고 그것이 독자의 삶까지 영향을 줄 수 있는 행위'였기 때문이다. 그래서 글들을 컴퓨터 메모리 어딘가에 처박아두고 정리도 하지 않은 채 기억 속에서 지워버렸다.

최근 노트북 용량을 정리하며 시민단체에서 활동할 때 썼던 글들을 다시 읽어보니 충격적이게도 온전한 '글쓰기'의 결과물이었다. 나름의 기승전결이 있고 서론 본론 결론이 완벽했다.

게다가 독자의 마음을 움직여야 했기 때문에 감정에 호소하는 문장이 많았는데 글들은 내가 원했던 '희망차고 감동적인 글'이었다. 게다가 기사나 뉴스에 실렸으니 사회적으로도 주목을 받은 셈이었다. 당시엔 몰랐는데 그 시절은 내 글쓰기의 전성기였다. 앞으로 열심히 쓴다 해도 그때만큼 주목받을 수 있을지도 불확실하다.

다시 써보기로 결심한 지금 내 글의 정체성을 다시 고민 중이다. 내가 잘 쓰는 글은 정치적인 글이다. 하지만 내가 원하는 글은 감성적인 글이다. 예전의 나라면 '두 개가 다르니 난 글을 쓸 수 없어!'였지만 이건 편협한 생각이다. 두 가지 종류의 글은 충분히 함께 갈 수 있다.

조지 오웰의 『나는 왜 쓰는가』를 보면 "내가 가장 하고 싶었던 것은 정치적인 글쓰기를 예술로 만드는 일이었다"(297p)라는 문장이 있다. 글쓰기의 거장 조지 오웰처럼 나도 정치적인 글을 내가 원하는 방향으로 충분히 감성적으로 쓸 수 있다. 정치적인 글과 감성적인 글이 합일이 되었다고 확신을 가지는 순간이 기대된다. 물론 연습을 많이 해야겠지….

고통에 공감한다는 착각
introduction

MBTI, 마이어스-브릭스 유형 지표는 1940년대 소설가에 의해 창안된 성격 분류 기준이다. 최초 개발자(이후로도 다양한 개량을 거쳤다)가 심리학을 전공하지 않아 평가 절하되는 경우도 있기는 하지만 사람의 성격을 직관적으로 설명해준다는 측면에서 대중적으로 널리 사랑받는 이론이기도 하다. 이 MBTI는 두 개의 태도 지표(외향-내향, 판단-인식)와 두 개의 기능 지표(감각-직관, 사고-감정)에 대한 개인의 선호도를 기준으로 성격을 정의하는데, 2023년의 대한민국을 휩쓴 이슈는 단연코 사고-감정, T와 F의 차이였다.

(나 자신을 포함한) 누가 보더라도 T 성향 99.9%의 나에게 '공감'이라는 키워드는 항상 호기심의 대상이었다. 타인의 일

을 내 일처럼 느낀다고? 타인의 일로 신나 날뛰거나 눈물 흘릴 수 있다고? 항상 모든 것을 이성으로 '이해'해서 반응해온 나로서는 '이해'하기 어려운 일이었다. 그래서 『고통에 공감한다는 착각』을 골랐다. 과연 공감이 무엇인지 알 수 있지 않을까 하는 희망을 안고.

저자인 이길보라 감독은 농인 부모 사이에서 태어난 청인, '코다'이다. 저자는 농인과 청인의 차이를 이렇게 설명한다. "농인은 청각장애인을 달리 이르는 말로, 수화언어를 일상적으로 사용하는 사람을 말한다. 음성언어를 중심으로 의사소통하는 사람을 청인이라 부른다. 청각장애를 병리적으로 대하는 관점을 거부하고 농인만이 가진 고유한 언어와 문화가 있음을 말해주는 용어다."(8p) 농인과 청인의 접점에 선 경계인의 입장에서 보자면, 삶은 타인에게 쉽게 공감받을 수 있는 것이 아니었다.

많은 사람들이 '공감한다'고 말하지만 그들의 공감은 경험에 기반하지 않은 피상의 영역에 머물 뿐이었다. 저자는 본인과 지인들의 사례를 기반으로 사람들이 '공감한다'고 말할 법한 상황을 제시한다. 그리고 실제로는 당사자들이 얼마나 공감받지 못했는지까지.

이 책을 읽고 대화를 나누며 '공감이란 과연 무엇인가'라는 생각을 했다. 공감 능력 부족에 대해 지적을 받을 때마다 나는 항상 '감성 부족'을 핑계로 삼아왔다. 하지만 사실은 공감이 감성에 기반하지 않는다면? 오히려 직간접 경험과 이를 통한 타인에 관한 '이해'를 기반으로 하는 것이라면? "나는 T라서 공감 능력이 떨어져"라는 말은 변명조차 될 수 없지 않을까? 스스로가 공감 능력이 떨어진다며 공감을 요구하지 말라는 말은 상대를 이해하고자 하는 노력을 하고 싶지 않다는 말과 다를 바가 없으므로. 아마도 '찐' 공감은 감성과 이성의 조화를 통해 가능할 것이다. 알지 못해도 직관적으로 공감할 수 있기도 하고, 알아야만 공감할 수 있는 경우도 있다. 핵심은 누군가를 이해하고 공감하며 함께하기를 포기하지 않겠다는 의지이지 않을까. 그 의지만 있다면 세상은 매일 조금씩 더 아름다워질 것이라고 믿는다.

이 책을 읽으며 다른 멤버는 어떤 생각을 하고, 어떤 글을 썼을까?

눈치와 공감

| 찰스 |

 내가 10대를 가로지르는 동안 가장 많이 들었던 지적은 '눈치가 없다'는 것이었다. 말을 하건, 듣건 아니면 행동을 하건 낄끼빠빠 할 수 있게 해주는 것은 결국 눈치였다. 특히 어려웠던 것은, 다른 사람의 말의 진의를 파악하는 것이었다. '한번 놀러 오라'는 말이 실제로는 '너와 나는 서로의 집에 놀러 갈 만큼 가까운 사이는 아니다'라는 뜻이라는 것도, '밥 한번 먹자'라는 말에는 '다음 생에'라는 표현이 생략되어 있다는 것도 깨닫는 데 30년 정도가 소요되었다.

 고작 일주일에 한 번 볼 뿐이지만, 그래도 10년 넘게 보아왔는데 나와 그 사람은 친한 사이가 아니라는 사실도 이해가 되지 않았고, 일 년에 한두 번 볼 뿐이지만 그래도 친척인데 서로 불편한 사이일 수 있다는 사실도 납득이 되지 않았다. 마음에는 장벽이라는 게 있어서 누구는 이미 안에 들어와 있고 누군가는 들어올 수 없다는 것도 상상이 안 되는 개념이었다.

 내가 상상하지 못했던 것은 또 있었다. 말할 때는 듣는 사람의 기분과 입장을 헤아려야 한다는 것, 내가 생각하기에는 중요할지 몰라도 대화의 맥락상 필요한 말이 아니라면 넘어갈 수도 있어야 한다는 것, 누군가는 말없이 마주하고 있는 상황이 너무 불편해서 무의미한 대화일지라도 없는 것보다는 낫다고 느낄 수도 있다는 것. 설령 이 세상에 '복'이라는 개념이 없다고 믿고 있더라도 새해 처음 만났을 때는 "새해 복 많이 받으세요"라고 말해야 한다는 것 등등. 의미가 있다고 보기 힘든 이런 행동들을 왜 해야 하는지, 마음에 없는 말을 해서 무슨 이득이 있는 것인지 혼란스러웠던 내게 그 비밀을 알려준 단어는 '공감'이었다.

당연한 얘기지만 '눈치'라는 것은 공감에서 나오는 것이다. 아이를 잃어서 슬퍼하는 사람 앞에서 자식 자랑을 하지 않는 것은 예의를 지키는 것 이전에 그 사람의 아픔을 공감하기 때문이다. 사소한 습관을 장애라고 부르며 희화화하는 것(예를 들면 '선택 장애' 같은)은 여러 장애로 고통받고 불편함을 겪는 사람들이 그 표현을 들었을 때 느낄 분노에 공감하지 못하기 때문이다.

'공감'이란 것은 단순히 감정의 공조만을 의미하지 않는다. 내가 슬플 때, 이미 슬퍼하고 있는 다른 사람과 함께 슬퍼하는 것은 동물이라면 어느 종이건 할 수 있는 보편적인 일이다. 사회를 구성하고 언어로 지식과 감정을 교환할 수 있는 인간이라면 내가 느끼고 있는 감정이 상대와 동일하지 않더라도 상대의 감정을 미루어 짐작하여 '마치' 내가 그러한 것과 같은 반응을 보일 수 있는 것이다. 누군가가 어떤 일을 당했을 때, 비록 직관적으로 그 감정과 동일한 감정을 느끼지 못하더라도, 우리는 직접경험과 간접경험을 통해 그 사람의 입장을 미루어 짐작할 수 있다. 감성이 약하더라도 이성으로 메울 수 있다는 뜻이다.

이런 관점에서 본다면 '공감하지 못하는 것'은 끔찍한 일이 된다. 상대의 감정과 마음을 짐작하는 것을 하지 '않는' 일이기 때문이다. 타인을 존중하지 않고 배려하지 않겠다는 의지의 표현이기 때문이다. 이것은 이기심이며 게으름이다.

순수한 의미에서 '공감'은 착각일 수 있다. 같(共)은 감(感)정이 아닐 수 있다. 하지만 이성체인 인간은 그 간극을 이성으로 메울 수 있다. 메워야 한다. 그것이 인간이 사회적 동물일 수 있는 단 하나의 이유일 것이다.

고통에 대한 공감은 일회용이었다 | 비비 |

　마흔두 해를 살며 개인적인 고통에는 이력이 날 법도 하건만 여전히 삶을 파고드는 고통의 소용돌이에 나는 허우적거린다. 이 고통이 끝나면 새로운 고통이 찾아올까 봐 알 수 없는 두려움으로 하루를 근근이 살아낸다. 내가 겪은 고통에도 굳은살이 생기지 않는데 타인이 겪은 고통에 나는 얼마나 공감할 수 있을까?

　삼풍백화점 붕괴, 성수대교 붕괴, 대구지하철 화재, 세월호 사건 그리고 이태원 참사까지 대형 사고가 터질 때마다 가슴이 저렸지만 나는 그때뿐이었다. 당사자가 아니고서는 알 수 없는 고통의 강도를 그저 아는 척, 위로하는 척할 뿐이었다.
　허무하게 생을 빼앗겨버린 피해자는 말이 없다. 남겨진 가족의 삶은 쉬지 않는 고통으로 일렁인다. 시간은 흐른다. 나에게도 그들에게도. 누군가는 무심히 흐르는 강물처럼 남겨진 자들의 고통이 넓고 넓은 바다에 희석되길 바라고 있는지도 모른다. 어쩌면 고통 밖의 사람들만 그 고통의 농도가 옅어지길 바라고 있었던 것은 아닐까? 정작 남겨진 이들은 떠난 이를 더 간절히 더 절절하게 기억하고 싶을 텐데. 왜 나는 아픈 기억을 빨리 떠나보내라고 했을까? 더 슬퍼하고 더 그리워해도 괜찮다고 왜 말하지 못했을까? 어설픈 위로의 말을 건네며 그들의 고통을 나의 기억에서 지워버리고 싶었던 건 아니었을까?

얼마 전 세월호 관련 소설 한 편을 읽었다. 방현석 작가의 『세월』이었다. 실화를 바탕으로 한 소설이기에 문장 곳곳에 사람 냄새가 가득했다. 행간에 숨어 있는 슬픔에 눈물이 솟구쳐 올랐고 마지막 장을 덮은 후 엉엉 소리 내어 울고 말았다. 슬픔을 애써 외면하고자 했던, 지난날의 못난 나를 소설 속에서 발견했다. 소설 속에 등장하는, 세상에서 가장 불쌍한 사람 중 한 사람이 나라는 사실에 얼굴이 화끈거렸다.

감추려고 속이려고 애쓰는 사람들 속에서 진실을 세상에 내놓아야 했던 세월호는 여전히 우리 곁에 존재한다. 사라졌지만 사라지지 않은 사람들과 남겨진 사람들은 그날을 기억하고 있다. 다시 용기 내어 세월호 관련 책 한 권을 더 구매했다. 240일간의 세월호 유가족 육성 기록을 담은 『금요일엔 돌아오렴』이다. 비겁하지만 이제야 소리 내어 말해본다. 잊지 않겠습니다. 2014년 4월 16일을.

읽고 쓰는 법을 배웠다. 다른 사람과 함께 살아가는 법도 배웠다. 하지만 나는 슬픔을 표출하는 방법을, 타인의 고통에 공감하는 법을 배우지 못했다. 배운 적이 없으니 몰랐다고 하면 괜찮은 변명이 아닌가 하는 생각이 들 때도 있었다. 그럴 때마다 나는 도망자가 되었다. 내가 마주한 고통을 회피한다고 삶이 달라지지 않았다. 과거의 나는 분노, 슬픔, 고통이라는 감정을 마주하기보다는 멀리하고 두려워하고 피하려고만 했다.

『고통에 공감한다는 착각』에서 이길보라 작가는 "당신과 나의 고통은 보다 적극적으로 기록되어야 한다"(75p)고 말한다. 내가 마주한 고통을 외면하고 숨기는 것만이 최선이 아니었음을 깨달았다.

고통을 납작하게 봐서는 안 되는 것이었다. 있는 그대로 들여다봐야 그날의 '나'를 볼 수 있다. 아프니까, 슬프니까, 상처로 얼룩진 그날의 기억을 드러내고 싶지 않았다. 가려진 채로 모르는 척하며 흉터에 새살이 돋기만을 바랐다. 하지만 말하지 못한, 나누지 못한 이야기로 서로의 가슴에 난 커다란 구멍이 이제야 보인다. 통증은 사라졌지만, 흉터는 남아 있다. 가린다고 없어질 흉터가 아니기에 나는 용기 내어 말하고 싶다. 그날 나도 힘들고 슬프고 너무 아팠다고.

안다는 착각

| 혜윰 |

사람은 누구나 긍정적인 말보다 부정적인 말을 오래 기억한다. 뇌가 생존을 위해 위협, 폭력 등의 부정적인 사건에 방어 태세를 취하기 때문이란다. 내게 상처가 되고 스트레스를 준 말들을 깊이 새기고 다음에는 당하지 않겠다는 마음에서일까? 나는 유독 그런 말들에 취약했다.

"난 언니가 포기한 줄 알았지."

15년 전 친하게 지내던 회사 동생이 한 말을 지금도 또렷이 기억한다. 내가 다이어트를 하려고 아침에 운동을 시작했다고 하자 그 애가 한 말이었다. 그 애는 이어서 언니는 결혼도 했고 화장도 잘 안 하니까 외모를 가꾸는 걸 포기한 줄 알았다고 했다.

"아버지가 참 대단한 분이셨나 봐. 오래 힘들어하네."

아빠가 돌아가시고 석 달쯤 지났을 때 내가 집에서 꼼짝 않고 지내자 지인이 남긴 메시지이다. 대단하고 아니고의 문제가 아니지 않은가. 그는 부모님 상을 치러본 적이 없으니 그럴 수 있다고 생각하다가 점점 화가 치밀었다. 겪어보지 않은 일을 자기 멋대로 판단했고 표현했다. 상대방이 어떻게 생각할지 전혀 생각하지 않은 채로. 며칠 동안 화가 가라앉지 않았다. 얼마 후 연락처를 지웠다.

내 입장을 100프로 이해해주길 바란 건 아니다. 적어도 기분 나빠하지 않을지 생각하고 내 표정이나 반응을 살펴야 하는 것 아닌가? 위와 같이 말한 사람 누구도 말실수였다거나 그 말에 기분이 나빴냐고 물어보지 않았다. 아니, 내가 기분 나빴다고 말하지 않았으니 그들은 몰랐을 것이다. 내가 이토록 오래 마음에 두고 있을 줄은.

나 역시 생각 없이 말할 때가 있다. 무심코 한 말이 누군가의 가슴에 가시로 오래 박혀 있지는 않을까 걱정을 하곤 한다. 어쩌다 말을 많이 하거나 감정이 격해져 정신없이 말을 쏟아내고 나면 며칠 동안 했던 말들을 곱씹어본다. 실수한 건 없는지 내 말을 듣고 있던 사람들의 표정은 어땠는지 상대방을 생각하지 않고 말한 건 아닌지 생각해본다. 혼자 끙끙 앓고 내린 결론은 늘 '말을 줄여야 한다'이다.

언젠가부터 공감 또는 공감 능력을 지능이나 성별, 사회적 지위와 연결하고 인간이 갖춰야 할 미덕으로 여기게 되었다. 공감이란 무엇일까. 타인의 감정이나 상황을 이해하고 나도 비슷하게 느끼는 심리 상태라고 하는데 우리는 과연 공감한다고 할 수 있을까? 나는? 나는 공감 능력이 있을까? 얼마 전까지도 나는 공감 능력이 있다고, 다른 사람을 잘 이해하려고 노력한다고 생각했다. 하지만 아니었다. 나도 내 멋대로 이해해 놓고는 그걸 공감했다고, 그러니 상대방도 고마워할 거라고 생각했다.

두 사람에게 어떤 글감으로 함께 글을 써보자고 했다. 한 가지 사건을 주제로 세 사람이 각자 다른 입장의 글을 쓰면 재미있을 것 같았다. 마침 우리가 쓰려고 했던 콘셉트의 책이 시중에 없었다. 긍정적인 반응에 이런저런 의견을 주고받으며 신이 나 있던 중 한 사람이 뜻밖의 이야기를 했다. 그는 글을 쓸 수 있고 책으로 나오는 것도 좋지만, 책으로 나오는 순간 자신은 콘셉트에 갇히고 결국 그 정도의 사람밖에 될 수 없을 것이라고 했다. 평생 꼬리표를 달고 살게 될 거라고.

나와 가까운 이였기에 그를 잘 알고 있다고 생각했다. 몇 차례 글에 관한 이야기를 나누었기에 나의 제안을 당연히 받아들이고 좋아하는 줄 알았다. 그가 불편할 수도 있다는 걸 눈치채지 못했다. 책이 나온 이후의 그를 생각하지 못했다. 그의 상황을 이해하지 못했던 거다. 좋은 결과만 있으면 된다고 생각했던 거다. 함께 글을 써보자고 제안하며 두 사람을 좋은 말로 구슬리기만 했다는 걸 깨달았다. 그동안 내가 겪었던 부정적이고 상처가 되는 말을 하지 않았으니 그거면 된다고 생각했던 것 같다. 단단히 착각하고 있었다.

고통, 슬픔, 아픔만이 공감의 대상이 아니라는 걸 그를 통해 알게 되었다. 누가 울면 따라 울고 기뻐하면 같이 기뻐해 주면서 그 사람의 마음을 헤아릴 줄 아는 사람이라고, 마치 좋은 사람이 된 것처럼 착각하고 있었다. 나는 아직 멀었다는 걸 알고 나니 『고통에 공감한다는 착각』이라는 제목이 더 와닿는다. 큰 착각에 빠진 나를 반성한다.

주워 담는 말

| 이부자 |

"너 주워 담지도 못할 말 하지 마."

사춘기가 일찍 온 편이다. 내 사춘기에 있어 가장 큰 갈등은 '엄마의 신앙'이다. 한창 모 아이돌 그룹 덕질에 빠져 있던 나는 그들의 음악을 매일 듣고 그들의 일상을 매일 염탐하며 밤늦게까지 안 자곤 했다. 종교 생활에 심취하여 그 종교 이외의 것을 좋아하는 것은 모두 우상숭배라고 생각했던 엄마의 눈에는 당연히 내가 아니꼬워 보일 수밖에 없었을지도. 우리의 싸움은 낮과 밤을 가리지 않았다. 영악한 나는 더 이상 엄마의 혼냄에 기죽지 않았고 엄마와의 싸움에서 이기기 위한 방법으로 엄마를 비난하는 말을 선택했다.

"엄마가 내 눈앞에서 없어져버렸으면 좋겠어!"

싸울 때 나의 단골 멘트다. 그때 당시엔 어느 정도 진심이 담겼기에 거짓된 말이라곤 할 수 없다. 내가 그 말을 할 때마다 항상 엄마는 큰 눈을 더욱 크게 부라리면서 날 쏘아 보곤 했다.

엄마 입에서 나오는 같은 말이 있다.

"너 주워 담지도 못할 말 하지 마."
매번 똑같은 레퍼토리였지만 이상하게 저 말을 들을 때마다 '헉'하면서 방금 내가 한 말을 다시 생각해보곤 했다. 그리고 '말을 주워 담는다'라는 상당히 문학적인 표현을 해체해서 생각해보게 된다. 말을 주워 담는다…. 떨어진 말을 바닥에서 주워서 바구니에 담는다.

엄마가 한 말의 의도는 두 가지 정도인 것 같다.

1. 네가 한 말을 다시 생각해봐!
엄마가 한 말을 들을 때마다 내가 한 말을 복기했으니 의도가 이것이라면 엄마의 성공이다.

2. 네가 한 말로 인해 난 상처받았어.
엄마가 상처받길 바라며 던진 말이기 때문에 이 의도라면 내 성공이다. 하지만 모두 눈치챘다시피 의도가 어떠하든 결국 누구도 성공하지 못했다. 애초에 성공이 의미 없는 싸움이기 때문이다. 사춘기가 어느 정도 사그라들고 어느 정도 가치관이 잡혀서 나름 내면의 평화를 찾은 나는 한동안 저 말을 까맣게

잊고 지냈다. 그러다 다시 떠올리게 된 계기가 있었다. 바로 첫 연애에서 처음으로 싸웠을 때다. 연애 싸움이 다 그렇듯 별 이유는 없고 이것도 엄마와의 싸움과 마찬가지로 성공이 의미 없다. 하지만 내가 더 논리적이라는 것을 설파하기 위해 상대방에게 상처 주는 말을 내뱉는 좀 더 날카로운 싸움이다. 싸우다가 감정이 격해진 나는 그만 말해버렸다.

"우리 헤어져!"

또다시 상처 받은 눈빛이 날 향해 쏟아졌고 이내 그의 답변이 돌아왔다.

"너 그 말 책임질 수 있어?"

전혀 다른 말이지만 이상하게 엄마의 '너 그 말 주워 담을 수 있어?'를 떠올리게 되었다. 두 말은 같은 말이었다.

3. 내가 한 말에 책임지다.

책임진다는 말이 무엇일까. 10년이나 지난 후에야 '말을 주워 담다'라는 의미를 이해한 것 같다. 내뱉을 당시에는 몰랐지만, 만약 주워 담지 못할 말을 내뱉는다면 그것은 빙빙 돌아 가속력이 붙어 나에게 콱 박혀 떨어지지 않는 도끼처럼 항상 내 마음 한편에 자리 잡게 된다.

한국 사회는 항상 말을 조심해야 하는 문화가 있다. 말을 한 번 하기 전에 생각해야 하고, 상대방의 지위와 권력에 따라 말의 모양이 형태소 단위로 달라진다. 사실 이런 문화 자체에는 환멸을 느끼고 있다. 무례하지 않은 선에서 자기가 하고 싶은 말을 하고 살 수 있는 사회가 되었으면 좋겠다는 것은 내 오랜, 이루어지지 않은 염원이다. 하지만 그럼에도 불구하고 정말 말은 조심해야 한다. 내가 한 말이 힘을 가져 이루어진다면, 그 이후엔 내가 나를 감당할 수 없어져 버리니까.

굳이 말뿐이 아니더라도 인생 자체가 나의 말과 선택을 주워 담다가 끝나는 것 같다. 주워 담지 못하면 그것은 단기간이든 장기간이든 나에게 손해로 돌아오고 잘 주워 담는다고 해도 그것이 큰 이득으로 돌아오지 않을 수도 있다. 그리고 좋은 말을 했다고 생각해도 그 좋은 말을 주워 담기가 어려울 수도 있다.

어렵다. 남에게도 피해를 주지 않고 나에게도 피해를 주지 않는 말과 행동을 하는 것은. 말하기 경력 2N년 차를 달리고 있지만, 아직도 말하기를 연습 중이다.

그거 알아?
고래도 키스할 때
눈을 감는대

비비's Pick

문학동네시인선 184 고명재 시집 **우리가 키스할 때 눈을 감는 건**

고래

introduction

　책을 좋아한다고 말하기엔 아직은 어색한 독서 초보다. 우연히 글쓰기를 시작하게 되었고 잘 쓰고 싶은 마음은 더 많이 읽고 싶은 마음으로 이어졌다. 그러다 책을 읽고 글 쓰는 '점점점'이라는 모임에 참여하게 되었다.

　각자 두 권의 책을 추천해야 하는데 독서 초보인 나는 어떤 책이 좋은 책인가에 대한 확신이 없었다. 책을 고를 때 가장 먼저 베스트셀러 코너를 기웃거리는 사람이 나였다. 많이 읽히는 책이 좋은 책인 줄 알았다.

　천명관 작가의 『고래』도 같은 이유로 택했다. TV에서 부커상 최종후보에 올랐다는 뉴스를 여러 번 본 기억이 났다. 모임에 『고래』를 추천할 무렵, 이 책이 온라인 서점 판매 순위 상단에 놓여 있었다. 고민할 이유가 없었다. 부커상 후보에 오른 작품이니 이 책은 검증이 되었다고 생각했고 함께 읽어보자고 권하게 되었다. 다행히 모두 읽지 않은 책이라며 반색을 표해 한결 마음이 가벼웠다.

『고래』는 2004년에 발표되었다. 시나리오 작가로 활동한 작가의 이력 덕분인지 생동감 넘치는 이야기는 한 번 책을 펼치면 쉽사리 책 읽기를 멈추지 못하게 했다. 책을 덮은 후 소설 속 문장이 영화의 한 장면처럼 빠르게 지나갔다. 450페이지가 넘는 책을 이렇게 쉽게 읽히도록 쓴 작가의 필력이 그저 부러울 뿐이다.

소설 속 금복의 이야기는 화려하고 소란스러운 반면 그의 딸 춘희는 반듯한 벽돌처럼 고요하고 묵직하다. 금복과 춘희의 삶에서 고래와 코끼리가 의미하는 것은 무엇일까, 춘희에게 벽돌은 어떤 존재였을까 등 다양한 질문을 주고받았다.

한 권의 책을 읽었을 뿐인데 네 명의 다른 시선을 마주하니 다른 책 네 권을 읽은 기분이 들었다. 독서 모임의 매력이 바로 여기에 있다. 나와는 다른 시선으로 책을 펼치면 그 책은 전혀 새로운 책으로 탄생한다.

『고래』를 읽었으니 이번에는 소설을 한번 써보자고 제안했다. 용기보다 더 좋은 기교는 없다는 말을 끊임없이 되뇌이며 마침표를 찍었다.

긁지 못하는 가려움

| 비비 |

"여보 손 좀 봐요."

현수의 손등에 피가 난다. 온갖 보습제를 바르고 병원에 다녀봐도 거친 손은 가뭄에 쩍쩍 갈라진 논처럼 여기저기 검게 마른 핏자국뿐이다. 아무리 좋은 차를 타고 아무리 좋은 집에 살아도 겨울이면 어김없이 찾아오는 거친 손은 현수에게 기억하고 싶지 않은 그 시절을 떠오르게 했다.

엄마라고 불렀던 사람이 갑자기 더는 키워줄 힘이 없으니 집을 나가라고 했다. 현수 나이 고작 열 살이었다. 영문도 모른 채 살던 집에서 쫓겨났다. 분명 어제까지 내 집이었고 내 가족이었는데 하루아침에 고아가 되었다. 할 수 있는 일이라곤 몸뚱이를 움직이는 것뿐이었다.

이 집, 저 집 머슴으로 지내며 겨우 입에 풀칠만이라도 하면 다행이었다. 한겨울에 땔감을 구하러 푸석푸석한 산에 오르면 부러진 나무에 이리저리 상처가 나서 손등에는 피가 마를 날이 없었다. 여름이면 소여물을 뜯으러 들판으로 나갔고, 초록의 생명을 지닌 풀은 생을 놓고 싶지 않다는 듯 낫을 가까이 댈수록 더 날카롭게 현수의 손을 긁어댔다.

언제쯤이면 이 고된 일에서 해방이 될지 당시에는 현수의 숨이 멈춰야 이 고난도 끝이 날 것만 같았다. 밥숟가락 하나 들어 올릴 힘도 없는 지친 몸을 이끌고, 온기라고는 찾을 수 없는 방구석에 누우면 몸의 고단함보다 알 수 없는 외로움이 현수를 눈물짓게 했다. 현수는 매일 기도했다. 나에게는 내일이 오지 않기를….

떠돌이 생활에 점점 지쳐갔다. 그러다 어느 시골 빈집에 들어가 이 집이 내 집인 양 눌러살기 시작했다. 마을 사람 누구도 현수에게 집주인이냐고 묻지 않았다. 그저 어디서 농사일 잘하는 젊은이가 왔다고 생각한 모양이었다. 이 집 일을 끝내고 나면 저 집에서 현수를 찾았다. 그렇게 여기저기 불려 다니다 보니 돈이 모이기 시작했다.

한 푼 두 푼 모아 송아지 한 마리를 샀다. 해 질 무렵 집에 돌아오면 현수만 바라봐주는 송아지가 유일한 가족이었다. 여물을 주며 너도 엄마 없는 신세가 나와 같구나 싶어 괜히 짠한 마음에 한 움큼 여물을 더 주었다. 그렇게 송아지가 소가 되고 한 마리였던 소가 두 마리, 세 마리로 점점 늘어났다.

어느 날 문득 더는 소만 키우며 살고 싶지 않다는 생각에 현수는 키우던 소를 팔고 무작정 도시로 향했다. 도시에서는 또 무엇을 하고 살아야 할지 막막했다. 일단 사람이 모이는 곳으로 갔다. 사람이 모인다는 것은 돈이 있다는 것이니까. 지역에서 가장 큰 시장으로 갔다. 분명 어딘가에 자신이 할 수 있는 일거리가 있을 거라 확신했다.

시골에서 일복이 넘쳐났던 현수는 얼마 지나지 않아 이곳에서도 인기 있는 일꾼이 되었다. 한 달, 두 달 그리고 1년, 2년이 지나자 장판 밑에 돈이 수북해졌다. 돈은 넘쳐났지만 현수는 은행에 갈 수가 없었다. 자신의 이름도 못 쓰는 문맹이었다. 몸 쓰는 일을 하기에 글 따위는 필요치 않았던 삶이었다. 장판 밖으로 돈이 삐죽 나오는 일이 잦아지면서 일터로 나가는 아침마다 문단속을 더 열심히 할 수밖에 없었다.

라일락 향이 나던 어느 봄날이었다. 자주 가던 국밥집에서 키가 작고 다부진 한 여인을 만났다. 옥분은 언제부턴가 그가 올 때마다 다른 사람보다 더 수북하게 국밥을 주기 시작했다. 어느 날은 말하지 않았는데 밥 한 그릇을 더 가져다주었고 또 어느 날은 다른 손님상에는 없는 반찬을 내놓았다. 그런 그녀에게 자꾸 눈이 가던 겨울 무렵 둘은 누가 먼저랄 것도 없이 자연스럽게 만나게 되었고 결혼이라는 것을 하게 되었다. 사실 결혼이랄 것도 없었다. 옷 몇 벌이 재산의 전부였던 옥분과 장판 밑에 돈만 수북했던 현수가 단칸방에서 한 이불 덮고 자는 게 결혼이었다.

다행히 옥분은 한글을 알고 있었다. 현수는 그녀 덕에 은행에 계좌를 만들고 자신의 이름이 적힌 통장을 손에 쥘 수 있었다. 수만 번 들었던 '이현수'를 어떻게 쓰는지 이름자가 어떤 모양인지 몰랐다. 무작정 이현수. 이현수. 수십 번 수백 번 써보았다. 자신의 이름 이현수가 좋았다. 그런 현수가 안쓰러워 보였던지 옥분이 한글을 가르쳐주겠다고 했다. 일터에서 돌아오면 그녀는 선생님으로 변신했다.

기역, 니은, 디귿, 가, 나, 다…. 현수는 한글을 배우는 게 이렇게나 재미있는지 몰랐다. 한 글자 한 글자 배울 때마다 길거리 간판이 현수 눈에 띄기 시작했다. 자신도 모르게 자꾸 간판이 입 밖으로 뱉어졌다. 같이 걷던 사람들이 뭐 하는 거냐고 물어보았지만 그저 미소만 지을 뿐이었다. 한글이 현수의 눈과 손 그리고 몸에 자리 잡을 때쯤 현수의 가게도 시장에서 자리 잡기 시작했다.

그러던 어느 날 눈에 익은 사람이 가게로 찾아왔다. 어린 시절 같은 마을에 살았던 사람이었다. 안면은 있지만 이름도 성도 모르는 사이. 반갑게 인사를 하고 차 한잔하고 가라며 가게 안으로 그를 불렀다. 뜬금없이 현수에게 옛이야기를 한다. 자신을 버린 사람 이야기를. 더는 듣고 싶지 않은 이야기를 그 사람이 전했다. 그리고 현수가 모르는 엄마 이야기를 전한 뒤 그는 홀연히 떠났다. 이름도 성도 모르는 사람이 전한 이야기에 현수 마음에는 커다란 생채기가 났다. 생채기는 현수의 손끝에서 발끝까지 성한 곳 하나 남기지 않고 따가운 가시가 되어 몸 여기저기를 마구 찔렀다.

그날 밤 뜨끈하다 못해 발 닿으면 델 듯한 누런 온돌 바닥이, 지난날 온기 하나 없던 시골집 방구석처럼 시리기만 했다. 이불을 덮고 또 덮었지만, 오한이 들었다. 옥분이 몸살 감기약을 챙겨주었다. 약이 목구멍으로 넘어가지 못하고 혓바닥에서 맴돌기만 했다. 결국 쓴 기운만 입안에 남긴 약을 뱉어냈다. 그리고 울음도 뱉어냈다. 놀란 옥분이 현수를 안아주었다. 마치 다 아는 듯 엄마처럼 그를 안아주었다.

울다 지쳐 눈을 떠보니 새벽녘 해가 떠오르기 시작했다. 옥분은 옆에서 곤히 잠들어 있었다. 지난밤 흘린 눈물 때문인지 갈증이 차올랐다. 물 한 사발을 들이켠 후 식탁 위를 보니 엊저녁 삼키려고 애쓰던 감기약이 눈에 띄었다. 얼른 입에 털어 넣었다. 그리고 다시 냉수 한 사발로 약을 몸속 깊이 보냈다. 현수 마음속 생채기마저 저 멀리 사라지길 바라며.

현수에게 겨울이 싫은 한 가지 이유가 더 생겼다. 피딱지가 생긴 손이 다시 가렵기 시작한다. 긁어도 긁어도 시원해지지 않는 손이 더 흉해진다. 가슴 한편에 긁지 못하는 가려움도 생겼다. 엄마. 엄마. 엄마.

아버지의 두 번째 부인이었던 현수 엄마는 현수를 낳은 지 열흘도 되지 않은 어느 추운 겨울날 우물에 몸을 던졌다고 했다. 우물에 비친 자신의 얼굴을 엄마도 분명 보았을 텐데 왜 갓 태어난 아이를 놔두고 끝을 알 수 없는 우물 속으로 몸을 던졌을까. 생명을 세상에 내어놓고 자신의 생을 끊어버린, 얼굴 한 번 보여주지 않은 엄마를 떠올려본다. 왜 하필 추운 겨울 그 많고 많은 날 중에 눈이 부신 그날이었을까.

은하수

| 혜윰 |

 그날이 처음이었다. 그의 온전한 알몸을 본 것이.

 그는 내게 알몸을 보여준 적이 없었다. 우리는 눈을 가린 것과 다를 바 없는 어둠 속에서 섹스를 했다. 처음엔 부끄러워서 그런 줄 알았다. 나도 내가 부끄러워서, 내 몸을 환한 빛 아래서 보여주기 싫어서, 어둠 속에서 할 때 더 섹시하게 느껴져서 그의 행동을 이해할 수 있었다. 그러나 그는 좀 심했다. 몸을 보여주지 않으려고 노력했다. 내 앞에서 옷을 갈아입지 않았다. 팔꿈치와 무릎 이상 옷을 올리지 않았다. 여름에도 긴팔 옷을 즐겨 입는다고 했다. 추위를 심하게 타는 줄 알았는데 그것도 아니었다. 병이 있냐고도 물었는데 아니라고 했다. 이유를 물으면 그냥 보여주기 싫다고 했다.

 방에 불을 켜서 보여주는 건 너무 놀랄 수도 있다며 화장실에서 나오는 빛으로 그의 몸을 보여주었다. 충격이라면 충격이었을 몸이었다. 몸 형태의 문제가 아니었다. 그의 몸을 볼 수는 없었지만, 수없이 만졌으니까. 그의 피부는 참 보드랍고 매끈했다. 몸을 포갤 때마다 내 손은 그의 등과 엉덩이, 가슴과 팔을 끊임없이 더듬었다. 그도 싫어하지 않았다. 부드럽다고 계속 만지고 싶다고 이야기하면 어둠 속에서라면 얼마든지 만져도 좋다고 했던 그였다.

그동안 나는 이렇게 생긴 피부를, 그를 만지고 있었구나.

제일 먼저 나온 말은 "전염되는 피부병 같은 건 아니지?"였다. 말이 튀어나오고 나서 아차 싶었다. 그는 평소와 다르지 않은 톤으로 아니라고 했고 나는 바로 미안하다고 했다. 옮기는 거였다면 난 진작에 아팠을 거라고, 그렇게 물어봐서 미안하다고.

그의 몸을 본 날, 그는 처음으로 부모님 이야기, 어릴 적 이야기를 해주었다. 그의 어머니는 임신 중에도 술과 담배를 했다고 한다. 배가 불러오면서 술은 끊었지만, 담배는 계속 피워서인지 그는 태어났을 때부터 몸에 검은 점들이 무수히 많이 있었다고 했다. 불행 중 다행으로 반팔 반바지로 가려지는 부위라서 알몸이 아니면 알아차리기 어렵다고 했다.

아버지는 떠났고, 중학교 2학년 때 어머니는 알코올중독으로 피를 토하다 죽었고, 친척 집을 전전하다가 열여덟 살부터 혼자 살기 시작했다는 이야기를 신문에 나온 부고 기사를 읽듯 말했다. 듣는 내가 나오지도 않는 침을 만들어 삼켰다. 어떻게 반응해야 할지 몰랐다. 예전에 사귀었던 여자가 둘 있었는데 그들에게 몸을 보여주고 얼마 안 있어 헤어졌다는 이야기를 하며 전염병이 절대 아니라고 조금 힘주어 말했다. 나는 고개를 끄덕였다. 나는 그의 몸을 돌렸다. 그의 몸을 다시 자세히 보고 싶었다.

그는 천천히 몸을 돌려 무릎을 껴안고 등을 말았다. 나는 그의 경추를 따라 손가락으로 쓸어내렸다. 점들은 어디서 본 듯했다.

아, 어렸을 때 도화지에 그렸던 그림. 칫솔에 물감을 묻혀 손가락으로 칫솔모를 훑으면 도화지에 수많은 점들이 생겼다. 누가 이렇게 검은 물감을 뿌려 놓았을까. 정말 엄마 때문이었을까. 내 손끝이 그의 등 구석구석을 지나다니자 그가 미세하게 몸을 떨었다. 나는 손을 거두고 그를 안고 말했다.

은하수 같아.

떨림이 사라졌다. 그는 돌아서 나를 안고 누웠다. 나는 그의 품에 안겨 어둠 속에서 늘 그랬듯 등을 쓰다듬었다. 이제 그는 나와 있을 때는 편하게 옷을 입었고 밝든 어둡든 상관없이 편하게 섹스를 했다. 그가 감추지 않자 나의 부끄러움도 사라졌다.

그 후 나는 일주일의 반은 그의 집에서 지냈다. 잘해주고 싶었다. 처음에는 일을 하다 보면 끼니를 자주 거른다기에 같이 밥을 먹자는 핑계로 매일 만났다. 나는 혼자 밥 먹는 게 싫기도 하고, 혼자 먹자니 반찬을 적게 만들지 못해 매번 버린다며 반찬을 싸갔다. 저녁을 먹고 같이 TV를 보며 뒹굴다가 잠이 들었다. 새벽에 나와 집에 들렀다가 출근했다. 잠을 자지 않는 날에도 저녁은 같이 먹었다. 한 달 정도 지나자 그의 회사 사람들이 얼굴이 좋아졌다는 말을 했다고 했다. 그는 정말 살이 조금 붙었고 몸에 윤기도 흐르기 시작했다. 괜히 뿌듯했다.

쉬는 날이면 극장이며 공원이며 데이트를 다녔다. 그가 다녀보지 못했던 곳에 데려가고 그가 먹어보지 못한 것을 함께 먹었다. 그는 나를 만나고 처음 해보는 것들이 많다며 아이처럼 좋아했다. 어려운 환경에서 자란 그가 못해본 것이 많은 건 당연했다. 나는 그에게 더 많은 걸 보여주고 싶었다. 좋아하는 그의 얼굴을 보는 게 좋았다.

그러나 오래가지 못했다. 그는 언제부터인지 저녁을 먹는 것도, 자고 가는 것도, 주말에 데이트를 하는 것도 다 싫어했다. 피곤하다고 오지 말라고 했다. 밥은 챙겨 먹고 있냐는 문자에조차 몇 시간 후에 답장이 왔다. 뭐에 화가 났는지 알려주지 않았다. 그가 집 열쇠를 바꿨다. 그가 좋아하는 오삼불고기를 해서 집으로 가지고 갔다가 들어가지 못하고 문에 걸어두고 왔다. 다음 날 가보니 쓰레기봉투에 담아 내놓은 것을 보았다. 그가 전화를 받지 않았다. 그렇게 헤어졌다. 영문도 모른 채. 나의 은하수와.

- 그녀는 그런 여자였다.

그녀가 정말 좋은 사람이었는지 잘 모르겠다. 내게 잘해주긴 했다. 나의 치부를 보고도 도망가지 않은 사람은 처음이었다. 은하수 같다고 했다. 나를 구석구석 만지고 점을 이어 이건 무슨 별자리, 저건 무슨 별자리라며 내 등은 우주라고 했다.

무슨 사람이 이렇게 순수할까 싶었다. 징그러워하지 않기만 해도 다행이라고 생각했는데, 그녀는 좀 많이 특이해 보였다. 싫지 않았다. 아니, 미치도록 좋았다. 나를 이렇게나 아껴주던 사람이 있었던가? 나를 낳은 부모도 내게 이렇게 잘해준 사람이 아니었는데 이 사람은 부모보다 더한 사랑을 주고 싶어 했다.

그녀를 만나기 전 길지 않은 연애를 두 번 했다. 한 달 벌어 한 달 빠듯하게 사는 형편이지만 여자를 만나지 못할 수준은 아니었다. 일주일에 한두 번 만나 데이트를 하고 몇 번 만나면 잠자리를 할 정도의 진도를 나가는 건 어렵지 않았다. 과묵하지만 나름 카리스마가 있어서 좋다나. 거기에 나의 잠자리 스킬도 나쁘지 않았는지 한 여자애는 늘 몸이 달아 있었다. 나보다 나와의 잠자리를 더 좋아하는 것 같았다. 그것도 나쁘지 않았다. 그런 관계가 더 편했으니까. 복잡한 건 싫었다. 마음을 열 생각이 없었는지도 모르겠다.

두 번의 연애는 결국 내 몸 때문에 끝이 났다. 내 몸을 본 여자들의 표정은 죽을 때까지 잊을 수 없을 것이다. 놀라다 못해

경멸하는 그 눈. 그동안 나와 몸을 섞은 것을 부정하고 싶어 하는 몸의 떨림. 모르긴 몰라도 둘 중 하나는 병원에서 정밀검사를 받았지 싶다.

전염병이 아니라고 여러 번 말해도 손끝도 닿지 못하게 뒷걸음질 쳤다. 그렇게 끝날 거라는 걸 알면서도 혹시나 하는 마음에 보여준 건데 너무하다는 생각은 어쩔 수 없었다. 인간은 망각의 동물이라고 하지 않던가. 한 번 당하고 또 당할 거라는 걸 왜 모르는 건지. 그런 면에서 나도 머리가 나쁘다.

누구도 만나지 않으려 했다. 만나도 가볍게 즐기기만 하고 싶었다. 섹스리스 유부녀를 꼬셔 욕정을 풀기도 했다. 몇 번의 만남은 좋았지만 결국 연락이 뜸해지다 끊겼다. 결국 사람 사이는 마음이 없으면 오래가지 못하는 걸지도 모른다는 생각을 하던 중 그녀를 만났다.

전과 다를 바 없는 만남이었다. 데이트를 하고 잠자리를 하고 조금씩 가까워지는 관계. 조금 다른 게 있다면 정이 많은 것 같달까? 사랑이 많은 사람이랄까? 암튼 그래 보였다. 좋아하는 걸 잘 표현하는 사람, 좋아하는 걸 보면 눈이 반짝이는 사람. 그런데 그런 눈으로 나를 보고 있었다.

과하게 표현하는 게 습관일까 싶었는데 그건 아니었다. 정말 나를 좋아하는 것 같았다. 아니, 좋아했다. 그래서 속는 셈 치고 문제의 내 몸을 보여주었다. 그녀가 그렇게 만지작대던 그

몸을.

그녀보다 내가 더 놀랐다. 내가 기억하는 아주 어릴 때부터 엄마조차도 나를 씻겨 주지 않았다. 내 몸이 더럽다며 만지기 싫다고 했다. 엄마가 보지 않는 곳에서 옷을 갈아입었다. 그런 나의 몸을 그녀는 구석구석 꼼꼼하게 들여다보고 만졌다.

은하수 같다고 했다.

별자리니 우주니 하며 더 좋아하는 게 보였다. 그런 눈은 본 적이 없었다. 그게 바로 사랑의 눈이구나. 나도 그녀가 좋아서 미칠 것 같았다.

그녀는 자꾸 뭘 해주려고 했다. 뭘 하든 하게 두었다. 나도 듬뿍 받고 싶었다. 먹고 마시고 놀러 가고 즐기고 남들이 하는 걸 나도 다 누리고 싶었다. 엄마가 자주 내 귀에 대고 말했던 세상에 나오면 안 되는 더러운 아이, 눈에 띄지 않게 조용히 다니라는 말을 이제야 물리칠 수 있을 것 같았다. 그녀가 날 그렇게 만들어주었다. 이제야 내가 세상에 나온 것 같은 느낌이었다. 그녀와 매일 만나는 것이 좋았다. 뭐든 같이 하고 싶었다. 같이 나누고 싶었다.

그러나 오래가지 못했다. 그녀는 그렇게 순수한 사람이 아니었다. 내게 잘하지 못한다거나 마음이 변한 게 아니다. 늘 같은 아니, 더 많은 애정을 보여주려 노력했다. 내 생활이 녹록지 않으니 자신이 보탬이 되고자 하는 것 같아서 고마웠다. 그러나 알고 보니 그녀도 그렇게 넉넉한 형편은 아니었다. 나와 비슷한 수준이었다. 그럼에도 나에게 많은 걸 해주려 했다. 그게 사랑해서인 줄 알았다.

많은 시간을 같이 보내니 자연스럽게 예전 연애에 대한 이야기를 하게 되었다. 그녀는 늘 사랑을 많이 주는 사람이었다. 내게 했던 것처럼 다른 남자들에게도 그랬다. 그게 그녀의 사랑 방식이었다. 그럴 수 있다고 생각했다. 시간이 더 지나자 그녀의 방식이 삐뚤어져 있다는 걸 느낄 수 있었다.

그녀는 자신보다 힘든 사람을 자신이 구원해준다고 생각하는 것 같았다. 불우한 환경 속에 자라 마음을 닫은 사람을 귀신같이 알아봤다. 그 사람의 마음을 열게 하고 자신이 없으면 안 되는 사람으로 만들고 싶어 했다. "당신 덕분이야"라는 말을 좋아했다. 약점을 잡고 흔드는 게 아니라 약점을 좋아해서 사람 마음을 무너뜨렸다. 은하수라는 말로 나를 무너뜨렸듯이.

정신을 차리고 보니 나는 없고 그녀가 만든 내가 있었다. 그녀는 '너의 약점도 사랑하는 나를 사랑하지 않고 배겨?'라고 말하는 눈빛을 하고 있었다. 도망가야 했다. 헤어지자는 말을 하지 못하고 만남을 피했다.

그녀는 왜 그러냐고 묻지 않고 전과 다르지 않게 행동했다. 밥을 먹자고 하고 반찬을 가져오고 매일 비슷한 시간에 비슷한 안부를 물었다. 답장을 늦게 해도 상관없는 듯 보였다. 일부러

밤늦게 집에 들어가면 새 반찬이 집에 놓여 있었다. 열쇠를 바꾸자 집 앞에 반찬을 두고 갔다. 먹지 않으니 가져오지 말라고 해도 가져다 놓았다. 이제 그만 만나자며 반찬을 버리겠다고 하자 마지막이라며 내가 좋아하는 오삼불고기를 해서 문에 걸어두고 갔다. 나는 열어보지도 않고 버렸다. 전화가 왔지만 받지 않았다. 그녀는 의외로 빠르게 포기했다. 나는 바로 이사를 했다.

그녀와 헤어지고 이사를 한 지 3개월쯤 지났을 무렵, 한 남자와 팔짱을 끼고 걸어가는 그녀를 퇴근하고 집에 가는 버스에서 보았다. 150킬로는 돼 보이는 남자에게 거의 매달리다시피 붙어서 남자를 올려다보고 웃는 그녀. 그녀는 그런 여자였다.

뮤렌

| 이부자 |

    뮤렌을 가기 위해선 많은 과정이 필요하다. 내 숙소가 위치한 인터라켄 서역에서 기차가 아닌 105번 버스를 우선 타야 한다. 빌더스빌에서 하차한 후 기차로 갈아타야 한다. 폭포가 유명한 라우터브루넨에서 내린 다음 케이블카로 환승해야 한다. 마지막으로 그리취알프에서 산악열차로 갈아타면 뮤렌에 도착할 수 있다. 이 모든 건 한 시간 정도 소요된다.

    스키와 보드를 한 아름 안고 산악열차로 들어오는 사람들을 제치고 나가면 산 중턱에 위치한 동화 같은 마을을 볼 수 있다. 좁은 골목, 통나무집들 그리고 그 너머에 우뚝하고 넓게 펼쳐진 설산이 나의 시선을 사로잡는다.

    난간에 걸터앉아 설산의 꼭대기를 바라보고 있었다. 마을 자체가 높은 곳에 위치해 산 정상을 내 눈높이에서 충분히 볼 수 있었다. 눈인 줄 알았는데 자세히 보니 투명한 에메랄드의 고체가 흘러 내려오는 것처럼 꼭대기에 묻어 있었다. 아마 이번 겨울 잠깐 동안 생긴 건 아닌 것 같고 오랜 시간 형성된 것 같았다. 그 얼음 색이 너무 아름다워서 눈의 여왕이 살고 있을 것 같았다.

그때 내 뒤로 누군가 다가오는 게 느껴졌다.

"거기 위험해요."

뒤를 돌아보자 어깨를 살짝 넘은 중단발에 풍성한 곱슬머리를 가진 여자가 서 있었다.

"밑에 바닥 있어서 괜찮아요."

"그래요?"

여자는 빠르게 수긍하더니 내 옆으로 훌쩍 앉았다. 서 있을 땐 몰랐는데 옆에 앉으니 꽤 키가 커 보였다.

"생각보다 한국인이 많네요. 뒷모습만 봐도 한국인인 줄 알았어요."

어쩐지. 생각해보니 낯선 스위스에서 한국어로 말 거는 게 너무 자연스러웠다. 어설픈 영어로 계속 외국인들과 대화하다 오랜만에 모국어로 대화하니 마음이 편했다. 유명한 관광 국가니 한국인이 많은 건 알고 있었지만 어설픈 영어로 외국인과 대화하는 게 날 한국에서 떨어뜨려 놓은 것 같아서 한국인들과 친하게 안 지내고 혼자서 여행 다녔다. 성격이 내성적이니까 그게 나랑 잘 맞겠다 싶었는데 나도 모르게 외로웠었나.

"사진 찍어줄까요?"

슬쩍슬쩍 옆을 보면서 여자가 정말 아름다운 걸 느꼈다. 설산 저 너머를 바라보는 여자는 배경과 지금 이 순간의 차가운 온도와 잘 어울렸다. 여자는 내 말에 가방에서 주섬주섬 무언가를 꺼냈다. 디지털 카메라였다.

"부탁드려도 될까요?"

초등학교 때 이후로 사용해본 적 없지만 익숙한 카메라였다. 어렸을 때 썼던 카메라와 비슷한 기종인 것 같다. 여자는 카메라 위쪽의 커다란 버튼을 누르면 찍힌다고 얘기한 후 다시 설산을 바라봤다. 나는 난간에서 내려가 여자 뒤에 서서 카메라 렌즈로 그녀를 바라봤다.

'얼굴이 나오면 좋을 텐데…'

"뒷모습만 찍을 건가요?"

여자는 고개만 뒤로 돌리더니 웃으며 말했다.

"두 장 찍어줘요. 앞모습, 뒷모습."

나는 홀린 듯이 고개를 끄덕였다. 그녀의 인생샷을 찍어주겠다는 대단한 다짐보단 렌즈 속 그녀가 배경과 가장 적절하게 어우러지는 순간을 포착하고 싶었다.

그녀에게 카메라를 건넨 후 내가 찍은 사진을 그녀가 확인해줬으면 했는데 받고 바로 가방 속에 집어넣었다. 아쉬운 마음이 들었다.

"감사해요. 분명 잘 찍어주셨을 거예요."

그녀가 난간을 넘어가 길을 떠나려 했다. 마음 속에 울렁울렁 말이 차오르는데 빌어먹을 성격 때문에 말이 나가지 못했다. 결국 말보다 행동이 먼저 나가버려 그녀의 소매 끝을 살짝 잡아버렸다.

그녀는 놀란 듯 큰 눈을 더 크게 뜨며 날 바라봤다. 그러더니 이내 웃어주었다.

"혼자 오신 거면 같이 구경 다닐까요?"

나는 고개를 밑으로 푹 파묻고 끄덕였다. 아직 마을 입구로 들어가지도 못한 뮤렌의 첫 자락에서 이런 일이 일어나다니. 스위스의 겨울은 한국만큼 춥진 않았지만 내 코끝을 차갑게 하기엔 충분했다. 아마 볼까지 빨개져 있을 거다. 하얀 입김이 나오는 걸 보니 적어도 영하의 날씨는 분명하다.

"몇 살이에요?"

"아. 스물여섯 살이요."

"와, 어려 보여서 대학생인 줄 알았어요. 저는 올해 스물여덟입니다."

"언니구나. 말 편하게 하세요."

"그럴까?"

코듀로이 재킷을 입고 풍성한 머릿결을 흔들며 언니가 웃었다. 나보고 어려 보인다고 했지만 사실 난 언니가 삼십 대인 줄 알았다. 늙어 보인다는 느낌보단 성숙한 느낌이 물씬 났고 처음 봤지만 의지하고 싶은 카리스마가 있었기 때문이다. 하지만 한국인에게 이런 얘기하면 실례겠지.

정말 산골짜기 시골 마을이라 생각했는데 의외로 있을 건 다 있었다. 쿱(Coop) 마트도 있었고 카페, 식당, 옷가게, 소품숍 등 볼거리가 많았다. 가게들을 조그만 전등으로 꾸며놓았기 때문에, 점점 해가 지고 있지만, 거리는 여전히 활기차고 반짝거렸다.

혼자 다니다가 갑자기 동행이 생기니 무슨 말을 해야 할지 도저히 모르겠다. 다행히 풍경이라도 예뻐서 조용해도 심심하지 않다는 건 좋은 점이지만 곧 있으면 이 길도 끝이라 다시 돌아가야 하는데 그땐 무슨 얘기라도 해야 할 것 같았다. 슬쩍 언니의 얼굴을 보니 이 상황을 불안해하는 건 나뿐인 것 같았다. 언니는 미소 지으며 충분히 주변 풍경을 즐기고 있었다. 무슨 생각을 하고 있을까. 언니도 이 먼 유럽까지 나처럼 도망 온 걸까. 아니면 그냥 여행?

"언니는 여행 왜 왔어요?"

"아, 나 올해 결혼하거든. 결혼 전에 마지막으로 자유를 누리고 싶어서."

"결혼하시는구나. 맞아요, 결혼하면 어디 여행 가는 것도 다 상의해야 할 테니까. 그래도 결혼 빨리 하시네요."

"나? 아냐. 내가 내 친구들 중에서 제일 늦게 하는 거야."

스물여덟 살이? 내 주변만 결혼 늦게 하는 건가. 더 구체적으로 물어보긴 애매한 주제였다.

"해외여행 꼭 와보고 싶었어. 주변에 해외여행 가본 애가 많이 없어서 나도 용기 내기까지 오래 걸렸지만 오길 잘한 것 같아. 진짜 행복하다. 여기서 한국 가기 싫어."

"예비 남편분은 어쩌고요."

언니가 하하 하면서 웃었다. 안 그래도 큰 입을 크게 벌려 웃는데 정말 시원했다. 나도 덩달아 웃었다.

"아 결혼하지 말까. 사실 결혼하는 거 좀 무서워. 애도 낳아야 될 테고, 시댁살이도 벌써 머리 아파."

"딩크족 하자고 해요."

"딩크? 그게 뭐야."

"애 안 낳고 결혼만 하는 거요."

언니가 벙찐 표정으로 날 쳐다봤다.

"그런 사람들이 있어? 신기하다. 딩크? 나도 한번 얘기해봐야 하나."

"제 주변엔 딩크족이 훨씬 많아요. 애 낳겠다고 하는 사람들보다. 요즘 아무래도 애 키우기 힘든 세상이니까요. 맞벌이해야 하고 비용도 만만치 않고."

"그래? 사실 나는 결혼한다고 일 그만뒀거든. 애인이 공무원이라 안정적이니까 나까지 돈 벌 필요 없다고 해서. 근데 그거 알아? 나도 공무원이었다."

"왜 그만뒀어요! 아깝다."

"나도 그래. 조금만 있으면 승진할 수도 있었는데. 어쩔 수 없지. 결혼하면 그만두는 게 맞으니까."

이 언니 자유로운 영혼을 가진 것 같으면서도 생각하는 게 우리 아빠보다 고지식한 것 같다.

"저는 결혼 안 해요. 애도 안 낳을 거예요."

언니한테 한소리 날아올 거라고 생각하고 대답을 기다리는데 언니는 나를 빤히 바라보기만 했다.

"그래. 할 필요 없어."

언니가 내 머리를 한 번 쓰다듬더니 흠칫하며 머리에서 손을 떼었다.

"아 미안. 내 동생이랑 너랑 나이가 똑같거든. 걔 생각나서 나도 모르게."

싫진 않았다. 다만 여행 와서 처음 겪는 타인의 온기여서 조금 당황했을 뿐이다. 나는 어깨를 으쓱하며 괜찮다는 표현을 했다.

마을 입구부터 쭉 직진만 하다가 마을 끝자락에 도착했다. 그때 언니가 왼쪽으로 틀었다. 그러자 난 발견하지도 못한 아주 작은, 사람 한 명만 지나갈 수 있는 샛길이 나타났다.

"원래 여행지에서는 이런 데를 가야 명당이 나타난다는 거 알지?"

씨익 웃으면서 앞서가는 언니를 나는 뒤따라가는 수밖에 없었다. 좁은 길에서 벗어나자마자 아까 난간에서 보았던 산이 다시 커다랗게 풍경으로 펼쳐졌다.

마을에서 조금 떨어진 것뿐인데 느낌이 완전 색달랐다. 집들이 빼곡하게 붙어 있었고 그 사이를 이리저리 돌아다니다 눈이 소복이 쌓인 평지를 발견했다. 얼음이 흘러내리는 산맥이 눈앞에 있고, 송신탑이 아슬아슬하게 산에 박혀 있는 배경을 두고 펼쳐진 평지는 그 어떠한 감탄사도 허락하지 않고 짧은 탄식만 허락했다.

"진짜 아름답다."

"네. 진짜로요."

풀썩.

언니가 눈밭에 벌러덩 누웠다.

"우와. 너도 빨리 누워봐."

"추울 것 같은데."

"얼른!"

평상시 같으면 절대 하지 않을 행동이지만 언니의 표정이 너무 행복해 보여서 도저히 안 따라 할 수가 없었다. 언니처럼 벌러덩 누우면 너무 차가울 것 같아 멈칫멈칫 눈에 누웠다. 하지만 생각보다 차갑지 않았다. 오히려 눈 속에 파묻혀서 그런가 포근한 느낌이 들었다. 채도 높은 파란색과 입김에서 나온 약간의 하얀색만이 내가 볼 수 있는 전부였다. 등에서 한기가 올라왔지만, 거부감이 드는 것이 아니라 기분이 좋았다. 서늘한 공기와 적막함. 행복이 내면에서부터 올라왔다.

"눕길 잘했지?"

"네."

목소리가 떨려서 나왔다. 어느새 눈에서 눈물이 나왔다. 내가 이렇게 감성적인 사람이 아닌데. 언제부터인지 모르겠지만 행복하다고 느끼면 반드시 눈물이 나왔다.

"언니."

"응?"

감성은 사람을 솔직하게 만든다.

"언니는 죽고 싶다고 생각한 적 있어요?"

나의 질문에 언니가 말없이 나를 쳐다보는 것이 느껴졌다. 하지만 나는 굳이 언니를 쳐다보지 않고 하늘만 보았다. 언니는 어떤 표정으로 날 보고 있을까?

"많지."

나는 깜짝 놀라 재빨리 고개를 돌려 언니를 보았다.

"언니는 너무 멋져서 그런 생각 안 할 줄 알았어요."

"내가 멋져? 키가 크니까 그렇게 생각할 수 있겠다."

"언니는 언제 죽고 싶어요?"

"우울하거나 그런 건 아니고 느낌이 있어. 내가 오래 못 살 것 같다는 느낌. 넌 그런 거 느껴본 적 없어?"

"전 한 번도 그런 생각 안 해봤는데."

"생각보다 느낌이란 게 정확하더라고. 지금까지 내 삶은 내 느낌대로 진행되어왔어. 좀 너무 철없어 보이나?"

"아뇨, 절대 아니에요."

"그러면 너는, 넌 언제 죽고 싶은데?"

"저는 지금이요."

언니가 벌떡 일어났다.

"지금? 나랑 있는 게 그렇게 별로야?"

"아뇨. 그런 게 아니라…."

언니 눈치를 슬쩍 보다가 뒤이어 말했다.

"그냥 저는 가장 행복할 때 죽고 싶어요."

언니가 다시 풀썩 누웠다.

"사람은 정말 다양하구나."

내 말이 잘 이해가 안 간다는 표현인 건 확실했지만 오히려 덤덤한 반응에 나는 안심했다. 보통 내가 이런 말을 하면 사람들은 빨리 정신건강의학과에 가라고 난리 치곤 했으니까. 난 어느 것의 도움도 받지 않고 싶었다.

"정말 그러고 싶다면 하고 싶은 거 다 해봐야겠네."

"무슨 말이에요?"

"하고 싶은 거, 다 해보고, 다니고 싶은 데 다 다녀보고 네가 선택하는 거지. 모든 곳 중에서 가장 네가 좋아하는 곳을 너의 마지막 장소로 선택하는 거야."

나는 대답하지 않았다. 대신 계속 눈물만 흘렸다. 우린 그렇게 조용히 누워 있다가 너무 추워서 몸이 덜덜 떨릴 때쯤 일어났다.

뮤렌역으로 다시 돌아왔다. 아까까지만 해도 훤했는데 지금은 깜깜해져 풍경 너머가 전혀 보이지 않았다. 언니는 가방에서 커다란 지도와 공책을 꺼냈다.

"언니 지도 보고 다녀요?"

"응. 길도 많이 잃어버렸지만 이젠 익숙해졌어."

언니는 그린델알프에 숙소를 두었다고 했다. 내가 인터라켄이 숙소라고 하자 먼 곳까지 조심해서 가라는 대답이 들려왔다. 10분 정도 기다리니 열차가 왔고 우린 탑승했다. 나는 창밖을 바라보는 척 창에 비친 언니를 보았다. 언니는 피곤한지 눈을 감고 창에 머리를 기대고 있었다. 나는 조용히 이어폰을 끼고 〈Time adventure〉 노래를 틀었다.

시간은 환상이기 때문에 우릴 현재에 머물게 한다. 지금 언니와 함께하는 순간이 과거가 된다는 것이 슬펐다. 함께한 순간을 기억하고 싶어서 노래를 틀었다. 앞으로 이 노래를 들을 때마다 언니와 함께한 이 순간이 떠오를 테니까.

"무슨 노래 들어?"

어느새 깼는지 언니가 날 쳐다보며 물었다.

"같이 듣자."

내가 무선 이어폰 한쪽을 주자 언니는 신기한지 이리저리 돌려보더니 이내 올바르게 장착했다. 언니는 자기도 팝송 좋아한다며 다시 눈을 감았고 우린 함께 노래를 들었다. 이 순간이 영원했으면. 곧 종착지에 도착했고 우린 내렸다.

겨우 몇 시간 함께했는데도 이별의 순간은 항상 힘들다.

"언니 여행 조심히 해요."

"너도. 내일 스위스 떠난다고 했지?"

"맞아요. 포르투갈 가려고요. 거긴 따뜻하대요."

"너도 항상 조심해. 부럽다. 나는 스위스가 마지막인데. 내일 나는 루체른 가려고."

"루체른 호수를 못 본 건 진짜 아쉬워요. 리기 산으로 가려고요?"

"응. 융프라우는 살짝 겁나더라. 고산병 올 수도 있대."

아무 말이나 최대한 주절주절 떠들다 보니 어느새 내가 타야 할 케이블카가 저 멀리서 오는 것이 보였다. 언니가 나를 꼭 안아줬다.

"만나서 정말 반가웠어. 울지 말고. 우리는 또 만날 거야."

나도 언니를 꽉 끌어안으며 고개를 끄덕였다.

"우린 항상 이 순간으로 돌아올 수 있어."

You and I will always be back then.

언니가 미소 지으며 귀를 툭툭 쳤다.

"노래 정말 좋더라. 잘 가."

다시 케이블카를 타고 라우터브루넨으로 가서 기차로 갈아타고 빌더스빌에서 버스로 환승한 다음 인터라켄 서역에 도착했다.

숙소에 돌아와 언니를 생각했다. 첫 만남인데도 불구하고 언니를 다시 보고 싶었다. 연락처라도 물어봤어야 했다. 심지어 우린 통성명도 하지 않았다. 언니와 함께했던 시간은 마치 꿈처럼 두둥실 내 머리와 마음속에 떠다녔다. 함께 들었던 노래를 다시 들으며 눈을 감고 있는데 메신저 알림이 울렸다.

- 전화해라.

아빠다. 딸이 혼자서 타국을 여행하는 것을 너무 걱정한 나머지 매일 전화하기를 종용했다. 생존 신고 정도야 나에게도 나쁠 것이 없어서 매일 했는데 오늘은 언니를 생각하느라 한국을 생각하고 싶지 않았다. 한숨을 쉬면서 어쩔 수 없이 전화를 걸었다.

"응, 아빠."
"딸, 아직도 스위스야?"
"응. 내일까지 있을 거라고 했잖아."
"스위스 좋지?"
"응 너무 좋아."
"엄마도 네 나이 때쯤에 혼자 스위스 여행 갔었어."
"엄마가?"
"그래. 아빠랑 결혼하기 전이었는데 갑자기 간다고 해서 난리 났었다니까."

멍하니 전화를 끊었다. 언니도 결혼하기 전에 스위스 왔다고 했는데. 우리 엄마도 그랬구나. 침대에 풀썩 누워 눈을 감았다. 너무 많은 시간이 지나 엄마 얼굴도 잘 생각이 안 나는데 이상하게 엄마만 생각하면 가슴 한편이 아려온다. 시간이 약이라고 생각했지만 예외는 존재했다.

이상하게 언니를 생각하면 엄마가 생각이 났다. 지금 생각해보니 우리 엄마랑 키가 비슷했던 것 같다. 익숙했던 디지털

카메라. 엄마가 애지중지해서 몇 번 만져보지도 못했던 우리 집 카메라와 비슷하다. 지금도 집 어딘가에 있을 텐데.

잠시만. 이렇게 익숙한 게 단순히 우연의 일치일까? 생각해 보니 언니의 모든 행동이 이상했다. 스마트폰으로 길을 찾는 것이 아니라 지도와 수많은 정보가 있었던 공책, 스물여덟 살에 결혼하는 것을 늦었다고 말하는 것, 결혼한다고 일을 그만둬? 무선 이어폰도 처음 보는 것 같았다.

점점 생각이 하나의 결론을 향해 달려가고 있었다. 하지만 말도 안 되는 일이었다. 정말 말도 안 되는, 정말 말이 안 될까? 다시 아빠에게 전화를 걸었다.

"여보세요."
"아빠!"
"왜?"
"엄마 결혼하기 전에 일했을 거 아니야. 무슨 일 했어?"
"아빠랑 같은 회사에서 일했는데? 갑자기 그건 왜?"

우리 아빠는 공무원이다. 언니가 남편 될 사람이 공무원이라고 했다.

"엄마도 공무원이었어?"
"그렇지."
"아빠 진짜 미안한데, 엄마 스위스 갔을 때 사진 남아 있는 게 있어?"

"왜 갑자기 엄마 이야기를 해? 엄마가 갔던 데 가려고?"

"아 쫌. 있냐고."

"아빤 몰라."

마음이 답답했다. 어떻게 해야 이 말도 안 되는 걸 사실이라고 나에게 확신시킬 수 있을까? 아! 카메라. 카메라가 어딘가에 있었지.

"아빠. 내 책상 맨 아래 서랍 보면 우리 집 옛날에 쓰던 디지털카메라 있거든? 그거 사진 좀 찍어서 보내줘."

"아니 얘가 진짜 왜 이래."

"최대한 빨리 지금 찍어서 보내줘."

전화를 끊고 초조하게 기다렸다. 아빠가 잘 찾을 수 있을까. 조금 지나니 메신저 알림이 울렸다. 아빠가 사진 하나를 보내줬다. 익숙한 디지털카메라였다.

언니는 내일 루체른으로 간다고 했다. 도저히 가만히 있을 수가 없었다. 언니, 아니 엄마는 지금 나와 함께 스위스에 있다. 엄마의 시간이 어떻게 된 건지 모르겠지만 만약에 엄마를 내일 만날 수 있다면 15년 만에 만나는 것이다. 비록 엄마는 언니가 되어 나의 존재조차 모르겠지만.

아침이 되자마자 루체른으로 가는 첫 기차를 탔다. 일단 기차역에서 기다리면 만날 수 있을 것이다. 밤새 한숨도 자지 못했지만 조금도 피곤하지 않았다. 더더욱 언니와 함께했던 경험이 나노 단위로 계속 상기되었다. 내가 산을 바라보며 난간에 앉아 있을 때 말을 걸어주었던 모습. 사진 찍을 때 카메라를 보면서 미소 지었던 모습. 같이 눈밭에 누워 하염없이 하늘을 바라보았던 그 모든 장면이 머릿속을 스쳐 지나갔다. 포르투갈을 가는 건 중요하지 않았다. 취소할까도 생각했지만, 취소 과정들을 생각하니 머리가 너무 복잡해졌다. 그냥 지금은 언니에게 집중하고 싶었다.

루체른에 내리자 다행히 바로 광장이 나오고 역 바로 앞에 페리 타는 곳이 보였다. 루체른 역 출입구가 잘 보이는 광장 한가운데 앉아 출입구만 하염없이 바라봤다. 잠시라도 눈을 떼면 언니를 놓쳐버릴까 봐 불안했다. 아니면 혹시라도 다시 언니의 시간이 바뀌어서 만날 수 없을지도 모른다. 하지만 이상하게 여기서 기다리면 언니를 만날 수 있을 것 같았다. 어제 그렇게 헤어지면 안 됐었다.

시간이 얼마나 흘렀는지 모르겠다. 몸이 차가워졌고, 내일이면 감기에 걸릴 것 같았다. 생리적 콧물이 흘렀고 몸이 점점 으슬으슬 떨렸다. 내 신체는 이제 그만하고 집에 가서 따뜻하게 누우라고 아우성을 쳤다. 얼마나 더 버틸 수 있을까. 그때 누가 내 뒤에 서 있는 것이 느껴졌다. 익숙한 체취다.

"감기 걸려."

목소리를 듣자마자 눈에서 물이 한 방울 툭 떨어졌다. 언니와 자연스럽게 만나야 하는데 한번 떨어진 눈물은 눈밭에서처럼 멈출 생각을 안 했다.

"왜 울고 있어? 무슨 일 있었니?"

바닥만 쳐다보며 우는 내 눈앞에 손수건 한 장이 팔랑거렸다. 그제야 나는 앞을 보았다. 어느새 내 앞으로 온 언니가 날 걱정스럽게 쳐다보고 있었다. 나는 그만 언니를 와락 끌어안고 말았다.

"언니, 너무 보고 싶었어요."

아마 언니는 당황했을 것이다. 하지만 이내 같이 나를 안아주며 내 등을 토닥토닥해줬다. 오랜 시간 내 안에서 잊혔던 감각이 떠올랐다. 키가 큰 엄마가 다 큰 나를 항상 품 안에 한가득 안아줬던 익숙한 느낌. 엄마가 떠난 이후 마음에 뚫린 커다란 구멍이 다시 채워지고 있었다. 너무 오랜 시간 뚫린 채로 살아서 이게 당연한 줄 알았는데, 아니었다. 너무 그리웠다.

"어제 막 죽고 싶다고 얘기해서 미안해요."

"아냐, 그런 생각할 수도 있지."

내가 왜 이러는지 왜 안 물어봐요? 목 끝까지 물음이 차올랐다. 하지만 엄마는 항상 내가 울거나 화내도 당황하지 않고 덤덤하게 달래줬었다.

"언니 꼭 결혼해야 해요?"

"결혼? 정말 이상한 말을 많이 하는구나."

"언니 결혼하지 말고 하고 싶은 거 하면서 살아요. 결혼하면 아무것도 못 하잖아요."

"그렇게 생각할 수 있지. 하지만 왜 아무것도 못 한다고 생각해."

만약 언니가 이대로 산다면 아마 20년 후에 죽을 것이다. 우리에게 허락된 시간은 지금이 마지막이라는 느낌이 강하게 들었다. 언니의 생각을 내가 바꿀 수 있을까?

"일도 못 하고 만약에 애를 낳게 되면 집에서 애만 키워야 하잖아요."

언니는 내가 한 말을 듣고는 잠시 하늘을 보며 곰곰이 생각했다.

"그것도 틀린 말은 아니야. 하지만 모든 것은 내 선택인걸."

언니가 미소 지으며 계속 말했다.

"내 친구들은 다 아들 낳고 싶어 하는데 나는 딸 낳고 싶어. 딸이랑 재밌게 사는 건 좋을 것 같아."

난 정말 말을 안 듣는 딸이었다. 속이 꽉 막힌 듯 답답했다. 내가 얼마나 힘들게 했는데 나 같은 딸 낳겠다고 정말 결혼을 하겠다는 거야? 차마 말할 수 없었다.

"미래를 생각하기보단 지금 현재를 잘 살고 싶어, 난."

난 아무 말도 할 수 없었다. 날 키우다가 일찍 가버린 엄마의 인생을 불행했다고 너무 쉽게 단정 짓는 건 나의 오만이었다. 지금 내 앞에 있는 이 기적을 놓치지 않는 것이 더 중요한데 난 계속 무슨 생각을 했던 것인가.

"이제 뭐 할 거니? 같이 배 탈래?"

바로 앞의 선착장을 가리키며 언니가 말했다. 루체른 호수는 마치 거울처럼 모든 풍경을 반사시켰다. 나는 알겠다고 했고 우리는 같이 배에 탔다.

나는 너무 추워 실내에 있었고 언니는 잠시 나와 함께 있다가 바깥 풍경을 보고 싶다며 갑판 위로 나갔다. 언니의 머리카락이 거센 바람 때문에 흔들렸다. 숱 많고 풍성한 머릿결이 마치 구름처럼 공중에 부양했다. 언니는 미소를 지으며 호수 너머를 바라보고 있었다. 그 모습이 너무 아름다워 사진을 찍어주고 싶었다. 내 스마트폰으로 찍으면 지금 우리를 기억할 수 있지 않을까?

밖으로 나가자마자 어느 백인 남자아이가 내 앞을 뛰어서 지나갔다. 바로 뒤에 엄마로 추정되는 여성이 따라갔다. 나는 놀란 숨을 내쉬며 언니가 있는 갑판 앞으로 걸어 나갔다.

하지만 갑판 앞에는 호수를 배경으로 사진 찍는 관광객들만 가득하고 언니의 모습은 어디에도 보이지 않았다. 사람들을 헤쳐가며 정신없이 언니를 찾았다. 호수에 떠 있는 조그만 배 위 공간은 한정적이었고 그 어디에도 언니를 발견할 수 없었다. 나는 그제야 스위스의 기적이 여기까지인 것을 깨달았다.

루체른에서 탔을 때와 달리 홀로 비츠나우 역에서 내렸다. 아마 언니는 그 시간 안에서 리기 산에 갔으리라. 워낙 이른 시간에 언니와 만난 탓에 포르투갈 가는 비행기를 놓치지 않을 수 있을 것 같다. 다시 돌아가는 배에 몸을 싣고 언니가 서 있던 갑판 위에서 하염없이 호수 너머를 바라봤다.

지금 이 만남이 엄마에겐 여행에서 있었던 단순한 해프닝일 것이다. 나중에 날 낳아서 키우면서 지금의 날 떠올릴 수 있을까? 난 엄마의 젊은 시절 사진을 봤는데도 알아보지 못했는데. 왜 난 항상 엄마를 불쌍하게 생각했을까. 일찍 죽었다고 불쌍한 건 아니다. 엄마는 일도 열심히 했고 혼자 유럽여행을 다닐 정도로 독립적인 여성이었다.

어젯밤엔 엄마 생각에 눈물만 나왔는데 이상하게 지금은 웃음이 나온다. 결혼하고 5년 후에 어린 나를 곧 만날 수 있을 것이다. 과거의 나라고 해야 할지 미래의 나라고 해야 할지. 하여간 너 엄마한테 잘해라.

그때 핸드폰 알람이 왔다. 아빠가 사진 한 장을 보냈다. 확인하니 익숙한 뮤렌을 배경으로 한 엄마의 모습이 담긴 사진이었다. 누군진 모르겠지만 정말 잘 찍어준 것 같다.

나를 살게 할

| 촬스 |

 그제야 나는 그녀가 몇 년 전 바닷가에서 마주친 그 풀냄새 나던 소녀라는 것을 알아보았다.
 "어때요? 이제 제 말 믿겠어요?"

 코로나가 한창이던 2021년 말, 이 부장은 사장님과의 회의가 끝나자마자 회의실로 팀원을 한 명씩 불렀다. 코로나로 매출이 반의 반 토막으로 떨어진 지 벌써 1년 가까이 되었고, 이번에 대규모 감원이 있으리라는 소문은 이미 회사에 파다했다. 어쩌면 절반이 잘릴지도 모른대. 옆자리 김 과장의 말은 항상 과장이 심했지만, 이번만큼은 허풍이 아닐지도 모른다. 그래도 나는 아니겠지. 우리 팀에서 그나마 매출 지킨 사람은 나밖에 없는데. 설마 아니겠지.
 "어, 왔어?"
 이 부장의 앞에 놓인 재떨이는 이미 꽁초로 가득했다. 사무실에서 절대 담배 피우지 말라는 사장의 엄명에도 부장은 몰래몰래 피우긴 했지만, 이렇게나 노골적으로 피우는 모습은 벌써 5년이나 그를 보아온 나에게도 생소했다.

"일단 앉아."

엉거주춤 자리에 앉자 이 부장은 모두가 아는 이야기를 시작했다. 너도 알다시피 우리가 매출이 아작 났잖냐. 우리 거래처였던 AA도 이번에 폐업했고, BB는 당분간 사업 접는다더라. 말이 당분간이지 뭐 아주 접는다는 거겠지. 사장님도 거래처 지킨다고 이리저리 뛰어다녔는데, 저쪽에서도 매출이 아주 없다는데 어쩌냐. 어쩌고저쩌고. 내가 아는 이 부장은 말을 돌리는 성격이 아니었다. 서론 생략하고 하고 싶은 말부터 지르는 이 부장의 화법은 막내 사원이건 거래처 사장이건 공평하기로 유명했다. 그런 그가 내 앞에서 말을 돌리고 있었다. 나구나. 누군가가 발목에 추를 단 것 같았다.

예상하지 못했던 것은 아니었다. 영업팀은 사장님 조카, 거래처 이사님 딸, 해외거래처 담당하는 유학파 박 대리 그리고 나까지 고작 4명뿐이었다. 게다가 박 대리는 우리 회사에서는 영어를 제일 잘하는 친구였다. 비록 6개월짜리 어학연수였지만 외국물도 먹어봤고. 반면에 나는 빽도 없고 토익도 없는 지방대 졸업생일 뿐. 그래도 실적이 좋으면 어필할 수 있지 않을까 싶어 필사적으로 거래처를 돌았는데.

"그렇게 됐다. 미안하다."

마지막 남은 한 개비의 담배를 내게 내밀며 이 부장은 미안하다고 했다. 그래도 이 부장이라면 나를 위해 사장님에게 한 번 대들기는 해줬으리라. 그래도 끝내는 어쩔 수 없었겠지. 내년에 이 부장 큰딸이 고3이라고 했으니 일단 자기가 살아남아야 했을 거고. 입사하며 담배 끊었는데…. 5년 만에 담배를 입에 물고 이 부장이 내미는 라이터로 불을 붙였다.

짧지만 길었던 면담을 끝내고 차에 시동을 걸었다. 일주일 휴가 후 인수인계라는 말에 아무 생각 없이 액셀을 밟았는데 어느새 양양고속도로에 올라서 있었다. 왜 하필 고성이었을까? 제대하면서 고성 쪽으로는 오줌도 싸지 않겠다고 결심했는데. 10년 만에 다시 찾은 아야진해수욕장은 예전과 똑같았다. 남들은 겨울 바다에 오면 많은 걸 느낀다던데 딱히 뭔가 느껴지는 것은 없었다. 그때 그 아이가 나타났다.

"아저씨, 뭐 해요?"

비릿한 풀냄새가 느껴지는 소녀였다. 이상하기도 하지. 바닷가에서 풀냄새라니.

"생각."

무성의한 대답에도 아이는 개의치 않는 듯 계속 내 주위를 맴돌았다. 초등학교 3, 4학년쯤 되려나. 주위를 둘러보아도 보호자로 보이는 사람이 없었다.

"무슨 생각하는데요?"

"어, 방금 회사 잘리고 오는 길이거든. 뭐 먹고 살아야 하나 하는 생각?"

애한테 별소리를 다 하는구나 싶으면서도 살짝 놀랐다. 내가 이 말을 이렇게 감정 없게 말할 수 있다니? 생각해보면 내가 그만두게 될 거라는 암시는 벌써 몇 달 전부터 있었다. 내가 인정하고 싶지 않았을 뿐. 열심히 하면 윗분들의 생각이 바뀌지 않을까 미련을 두었을 뿐.

"그럼 다시 취직하면 되지 않아요?"

"그러고 싶은데, 요즘 사람들을 안 뽑는대. 거기에 아저씨는 지방대 나오고 나이도 많고 영어도 못 해서 취업이 잘 안 돼. 그래서 애인도 없나 봐."

뒤의 한 마디는 농담이었다. 다행히 개그 취향이 나와 잘 맞는지 아이는 피식 웃어주었다. 그나저나 이 아이는 여기 어떻게 온 거지? 주변에 차라곤 내 차밖에 없는데? 저 멀리 보이는 펜션에서 왔나? 아닌데, 거기 문 닫혀 있었는데.

"괜찮아요, 아저씨. 다 잘될 거예요."

"그래 그래, 아저씨도 그랬음 좋겠어."

대충 대답하며 아이의 부모를 찾아 두리번거리는데, 소녀가 내가 있는 바위로 뛰어넘어 와서 내 앞에 섰다. 그리고 매우 단호한 얼굴로 다시 말했다.

"내 말 믿어요, 아저씨. 다 잘될 거예요."

맞다, 이 얼굴이었다. 마치 내일은 해가 동쪽에서 뜰 거예요, 라고 말하는 것 같은 단호한 얼굴. 내가 어떻게 이 얼굴을 잊어버렸지?

이 뒤는 별것 없는 이야기다. 인수인계를 끝내고 취업 준비라는 핑계로 집에서 놀고 있는데 만취한 이 부장에게서 자기랑 일 하나 같이 하자는 전화를 받은 이야기(이 부장은 자타공인 최민식 팬으로 상영된 영화는 몽땅 다 봤다고 한다). 원래 우리 회사에서 만들던 제품이 기술력이 1도 필요 없어서 이 부장 지인 공장에서 똑같이 만드는 데 3개월밖에 안 걸린 이야기. 예전 거래처들 돌아보면서 인사를 하다 보니 사회적 거리 두기가 끝나버린 이야기. 전 회사가 독점적 위치를 차지하고 있었던 게 워낙 작은 시장이라 2개 업체 들어오는 순간 같이 망하는 구조였기 때문인데, 현 이 사장(전 이 부장)이 전 회사를 죽여버린다고 원가 후려쳐서 거래처 빼앗아온 이야기. 그렇게 복수하고 2년 만에 간신히 손익분기점 달성한 이야기. 전 회사에서 스카우트해 온 아리따운(객관적인 평가를 전달했다가 맞아 죽을 뻔했다) 여성을 만나 프러포즈 성공한 이야기 정도?

쉽지는 않은 일들이었지만, 너무 힘들어서 포기하고 싶을 때는 항상 그 소녀의 단호한 표정이 떠올랐다. 그 표정 앞에서는 왜인지 '안 될 것 같은데…'라고 말할 수가 없었다.

그리고 결혼식 날, 하객 속에서 그 소녀가 다시 나타났다.
"제가 다 잘될 거라고 했죠?"
"음??"
솔직히 한 번에 알아보지는 못했다. 분명 표정을 기억하고 있다고 생각했는데 다시 보니 그 얼굴이 아니었다. 하지만 명백하게 느껴지는 풀냄새는 그날의 기억과 같았다.
"어때요? 이제 제 말 믿겠어요?"
웃으며 말하는 소녀에게 나도 자신 있게 대답할 수 있었다.
"응. 고마워. 덕분에 다 잘됐어."
이번 대답은 마음에 들었는가 보다. 소녀의 눈꼬리가 더욱 휘어졌다.
"잘했어요, 아저씨. 앞으로 더 잘될 거예요."
이제는 마주 웃을 수 있다.
"응. 더 잘될게."

우리가 키스할 때 눈을 감는 건
introduction

　나는 호불호가 분명한 사람이라고 생각하며 살았다. 하지만 글을 쓰며 그동안 나조차 몰랐던 나를 발견하는 중이다. 지금까지 내가 무엇을 좋아하고 무엇을 할 때 웃고 울었는지 자세히 살피지 못하고 살았던 것 같다. 호불호가 분명한 사람이 아니라 나는 하고 싶은 것만 하는 편협한 사람에 가깝다는 생각이 들었다. 일상도 그러한데 독서마저 나는 편독하고 있었다. 어떤 책을 좋아하냐는 질문에 선뜻 떠오르는 책이 없었다.

　책을 좋아한다고 말하고 다닐 정도는 아니지만, 집에 제법 많은 책이 있다. 책장은 아이들 책으로 가득 차 있고 내 책은 복도 서랍장 안 깊숙한 곳에 갇혀 있다. 이십 대에는 주로 여성 작가가 쓴 자기계발서를 읽었다. 마흔에 접어들며 소설과 에세이만 찾아 읽었다. 그러다 '점점점'에서 내가 평상시라면 절대 펼쳐보지 않았을 책을 함께 읽어나가며 또 다른 세상을 만났다.

『고래』에 이어 나에게 다시 한 권의 책을 추천할 기회가 왔다. 새로운 장르를 권하고 싶었다. 그때 마침 현대문학 작품 읽기 수업에서 고명재 시인의 「페이스트리」라는 작품을 읽을 기회가 있었다. 오랜만에 읽은 시인의 언어는 낯설었지만 신선했다. 시집을 읽어보는 것도 좋겠다는 생각에 고명재 시인의 『우리가 키스할 때 눈을 감는 건』을 추천했다.

완독 후 첫 모임에서 탄식이 이어졌다. 분명 끝까지 읽었는데 무슨 의미인지 알 수 없어서 시 한 편을 여러 번 읽었다는 사람과 역방향, 정방향 다양한 방법으로 시를 읽어보았다는 사람도 있었다. 나 역시 시를 머리로 이해하려 하니 와닿지 않았다. 눈과 마음으로 오롯이 글자 그대로 받아들이는 데 집중하니 그제야 시인의 언어가 내게로 왔다.

마지막 페이지를 넘기자 할머니와 엄마 그리고 시인의 삶이 내 마음에 피어올랐다. 『우리가 키스할 때 눈을 감는 건』 시집 후반부에 발문을 쓴 박연준 시인의 〈미친 말들의 슬픈 속도〉를 먼저 읽어보면 고명재 시인이 얼마나 대단한 시인인지 가늠이 된다. 꽃잎이 흩날리는 따스한 봄 시 한 편 낭독하실래요?

일흔 그리고 노부부 이야기

| 비비 |

 일흔을 넘긴 엄마는 해가 갈수록 몸집도 키도 말수도 점점 줄어들고 있다. 엄마 나이 갓 마흔을 넘길 무렵부터 여러 지병을 얻었고 하루에 두세 뭉치의 약을 먹어야 했다. 약 없이는 하루도 버텨내기 힘든 몸이 되어버린 엄마는 당뇨약으로 아침을 열고 안약으로 하루를 닫는다. 엄마가 약이라면 진절머리가 난다, 약 좀 그만 먹고 싶다고 얘기하면 가슴이 덜컥 내려앉는다.

 약을 중단한다는 말은 생을 중단하겠다는 의미를 내포하고 있기에 그 마음을 감히 안다고 하기도 모른다고 하기도 어렵다. 아프다는 말이 몸이 아프다는 건지 마음이 아프다는 건지 가끔은 분간할 수 없다. 어떤 날은 엄마의 한숨이 깊어진다. 엄마의 아픔이 선명해지는 날이다. 타인이 주는 상처에 곪아 터져 버린 엄마의 인생이 애달프다. 일흔이 넘어도 여전히 남의 말에 휘청이는 엄마의 하루가 안타깝다.

 지난겨울 코로나에 걸려 성치 않은 몸으로 기어이 50포기의 김장을 하겠다는 엄마를 나는 말릴 수 없었다. 엄마의 의지를 꺾을 사람은 아무도 없었기에 곁에 있는 아빠가 손수 나서야 했다. 먼저 배추를 절이기 위해 아빠는 앞집 아줌마에게 배추 절이는 법에 관해 물어보았다. 아빠는 그저 엄마를 도우려는 마음에서 한 행동이었을 뿐인데 돌아온 건 엄마의 알 수 없는 분노였다. 엄마는 왜 당신에게 먼저 묻지 않았는지 아빠를 다그쳤다고 했다. 노인정에 가서 할머니들에게 물어봤더니 다들 아빠의 행동이 잘못된 거라며 엄마 편을 들었다고 했다.

나로서는 엄마의 화가 이해되지 않을 뿐 아니라 경로당 할머니들의 반응도 달갑지 않았다. 애꿎은 아빠만 나쁜 사람이 된 것 같은 상황에 안타까운 마음만 쌓여갔다. 당신을 향한 아빠의 배려를 엄마만은 알아야 한다고 생각했다.

"엄마 그 할머니들 다 남편 없지? 엄마만 남편 있지? 그거 부러워서 그런 거야. 당신들은 배추 절여주는 남편이 지금 곁에 없어서 엄마를 샘내는 거라고. 엄마 위해주는 사람은 아빠뿐이야."

내 말을 듣고 있던 엄마의 입꼬리가 살짝 올라가는 것 같다. 절인 배추를 부지런히 나르는 아빠에게로 엄마의 시선이 옮겨 간다.

다음날 새벽 무렵 주방에서 칼질하는 소리가 들렸다. 분명 엄마는 내 곁에서 자고 있는데 도대체 주방에서 누가 일을 하는 건지 궁금해졌다. 주방 문을 빼꼼히 열었다. 아빠였다. 밥을 안치고 손자가 좋아하는 육개장 재료를 준비하고 있다고 했다. 아빠가 음식 재료를 다 준비해놓으면 엄마가 일어나 국을 끓이기로 했다며 멋쩍게 웃었다. 아빠가 고마웠다.

    재료 손질을 마친 아빠가 방이 아닌 밖으로 나가길래 또 담배 피우러 가냐고 핀잔을 주었다. 아빠가 슬며시 나에게 다가와 한마디 한다. 깊은 한숨을 내쉬며 내가 요즘 이거라도 안 피우면 살 수가 없다고, 엄마가 이번에 정말 떠나는 줄 알았다고 말하는 아빠의 눈이 슬프다. 내 눈가에도 눈물이 맺힌다. 더는 아빠에게 담배 그만 피우라는 말을 할 수가 없었다. 처음으로 담배가 고맙게 느껴졌다.

    얼마 전 친정 근처에서 지인 결혼식이 있어 겸사겸사 부모님 얼굴도 뵐 겸 잠시 집에 들렀다. 분명 서너 달 만에 보는 부모님인데 그새 입가 주름은 더 깊게 패었고 어느새 백발이 성성한 노인의 모습으로 변해 있었다. 내가 알지 못하는 낯선 엄마 아빠의 얼굴을 마주하는 게 어색했다. 그날 저녁 아빠는 약속이 있다며 집을 나섰다. 늦은 밤 집으로 돌아온 아빠 얼굴이 어둡다. 분명 밖에서 무슨 일이 있었을 터. 무슨 일인지 묻고 싶은 나의 마음을 알기라도 하는 듯 엄마가 아빠에게 물었다. 안방에서 아빠의 나지막한 목소리가 들렸다.

"어젯밤에 장 씨가 갔대. 저녁 먹다가 기도가 막혀서 급사했다고 하네."

"아니 저기 위에 사는 장 씨 말이에요? 어제도 자전거 타고 지나가다가 잘 지내냐고 서로 안부 주고받았는데. 이게 무슨 일이래요?"

"그러게 말이야…."

그 후로 두 분은 말이 없었다. 안방의 고요함에 괜히 더 마음이 쓰여 한참을 뒤척이다 잠이 들었다.

다음 날 아침에 아빠는 일터로 나가시며 나에게 이런 말을 했다.

"다 의미 없다. 조심히 올라가거라."

"아빠 너무 마음 쓰지 마세요. 좋은 곳으로 가셨을 거예요."
내가 한 말이 아빠에게 어떤 위로도 되지 않는다는 걸 알면서도 무슨 이야기든 건네고 싶었다. 축 늘어진 어깨로 터벅터벅 걸어가는 아빠의 뒷모습에 괜히 콧잔등이 시큰해졌다.

집으로 돌아온 후 계속 아빠의 마지막 한마디가 귓가에 맴돌았다. 다 의미 없다. 다 의미 없다. 아빠가 말한 다 의미 없다는 말은 희망이 없다, 부질없다, 삶이 허무하다는 것을 의미하는 것인지 아니면 내일이 없을 수도 있으니 그저 오늘을 살아내라는 의미인지 나는 짐작만 할 뿐이다. 익숙했던 누군가가 갑자기 사라져버리는 일상의 반복을 나는 태연하게 받아들일 수 있을까. 일흔의 아빠에게 이별은 곧 죽음과 연결된다. 이제 마흔을 넘긴 나와 여든을 향해가는 아빠에게 이별은 분명 다른 의미다.

나에게 이별은 한동네에 살던 사람이 다른 지역으로 떠나는 것이고 가까이 지내던 사람과 사이가 소원해지는 것이다. 아빠에게 이별은 사진 속 친구가 하나둘 줄어드는 것이며 다시는 그 친구를 볼 수 없는 것이다. 멀게만 느껴졌던 생의 마지막이 곁으로 성큼 다가오는 느낌일 것이다.

다 의미 없다. 다 의미 없다. 다 의미 없다….

아빠. 그대의 존재만으로도 저에게는 충분히 의미 있어요. 우리 그냥 살아요. 살다 보면 내 의지로 어찌할 수 없는 일이 훨씬 더 많다는 걸 조금씩 알아가는 게 인생이잖아요. 지금까지 충분히 잘 살아오셨고 앞으로도 그렇게 사시면 돼요. 이제 아빠만 생각하세요. 사랑합니다.

이인삼각

| 혜윰 |

　에세이보다 소설을 좋아하는 건 아마도 사랑 때문일 게다. 사랑을 할 때마다 혼자서 그렇게 소설을 써댔으니 말이다. 일어나지도 않은 일을 앞질러 가고 되지도 않는 이야기를 혼자서 술술 풀어냈다. 늦은 답장 한 번에 눈물 바람이 된 게 어디 한두 번인가. 연애 초반이야 이런 모습도 예뻐 보이고 사랑스러워 보였겠지만 반복되면 질리기 마련이다. 나도 안다. 내가 질리게 했다는 걸. 그런데 어쩔 수 없다. 사랑에 빠지면 나의 상상력은 우사인 볼트라서 상대방을 무조건 앞서간다.

　처음으로 사귄 아이였다. 첫사랑은 아니었고, 도서관에서 자주 마주쳤던 학생 중 하나였다. 어느 날 내 친구와 어떤 남학생이 손잡고 있는 걸 본 후에 다 같이 친해졌다. 그 친구들 주변에 여러 커플이 생겼다. 정확히 기억은 안 나지만 나도 그렇게 사귀었던 것 같다.

　주말마다 도서관에서 만나 나란히 앉아 공부를 했다. 공부를 하긴 했다. 성적이 떨어지진 않았으니까. 집에 갈 때는 일부러 몇 정거장을 걸어가다 버스를 탔고, 내가 내리는 정류장에서 그 애도 내렸다. 그 애가 타야 할 버스를 몇 대 그냥 보냈고 손을 잡고 정류장 근처를 맴돌았다. 둘 중 하나가 가라는 말을 꺼내야 마지못해 헤어지곤 했다. 그 애와 버스 정류장 앞 건물 계단에서 첫 키스를 했다. 이런 게 사귀는 거구나, 이게 키스구나, 사랑이라고 말해도 되겠구나 싶었다. 그렇게 나의 달리기는 가속도가 붙었다.

가속도는 쉬이 제동이 걸리지 않았다. 나는 그 애에게 자주 연락하며 그의 일상을 궁금해 했다. 만나지 못하는 날에는 편지를 썼다. 수십 통 썼다. 무엇을 사든지 하나씩 더 샀다. 카세트테이프, 수첩, 볼펜, 열쇠고리 등은 물론이고 도서관에 점심 도시락도 1인분 더 싸갔다. 내가 하는 모든 걸 나누고 싶었다. 열정적으로 그 애의 마음으로 달려갔다. 이래도 괜찮을까 하는 걱정 따위는 하지 않았던 것 같다. 그냥 좋아서 어쩔 줄 몰랐다.

그러다가 한순간 쎄한 느낌이 들었다. 그 애는 연락 횟수를 점점 줄었고 공부해야 한다는 말을 자주 했다. 사실 나는 알고 있었다. 그 애는 나와 같은 속도가 아니라는 것을. 오히려 속도가 점점 줄어든다는 것을. 돌아볼 때마다 점점 더 멀어지고 있다는 것을. 그래도 내가 더 잘해주면 된다고 생각했다. 하지만 그 애는 여전히 뒤에 머물러 있었다. 나는 오만가지 상상을 했다. 부족한 게 있었나, 다른 사람이 생겼나, 내가 뭘 잘못했나, 내가 더 예뻐져야 하나, 내가 그 애보다 성적이 덜 나와야 하나. 나의 걱정은 현실이 되었고 6개월 만에 헤어졌다.

"사실, 만나고 얼마 안 되어서부터 그거 하나만 생각했대. 언제 헤어지자고 할까. 걔는 너 별로 안 좋아했어."

헤어지고 난 뒤 그 애의 친구에게 들은 말이었다. 내가 그렇게 질리게 했었나? 뭐가 잘못된 거지? 내가 좋다고 하니까 그냥 사귀어준 건가? 직접 물어보지 않은 채 나는 또 혼자 상상으로 실연을 버텼다. 아니, 아주 오래오래 그 애를 원망했고 동시에 나 자신도 원망했다. 그 정도밖에 안 되는 인간이라고. 그러니까 그 애가 떠났다고.

다음 연인과는 잘 되었을까? 아니다. 나는 또다시 눈 옆을 가린 경주마처럼 정신없이 달렸다. 내게 관심이 있어 보이는 사람에게 홀딱 빠져, 관심이 사랑이라고 착각하고 혼자 냅다 달렸다. 오래 사귀지 못했다. 싸워서 헤어진 적은 없었다. 상대가 질렸으니 그만하자고 이별 통보를 하거나 도망가면서 끝이 났다. 다음부터는 그렇게 잘해주지 말라는 말을 들었다. 남자는 자기가 좋아하는 여자를 만나야지, 여자가 일방적으로 좋아하거나 헌신적인 건 안 좋아한다고 조언도 해주었다. 적극적이고 열정적이라서 좋다고 사귈 땐 언제고 이제 와서 그게 싫다고 했다. 나는 내가 조절을 할 줄 몰라서 버림받았다고 생각했다.

그 사람을 만나기 전까지는.

몇 번의 헤어짐 후에 만난 사람은 내가 뭘 해도 좋아했다. 좋아한다, 사랑한다, 나 좋아하냐, 나 사랑하냐, 안 보고 싶냐, 시도 때도 없이 그에게 말하고 틈만 나면 물어보고 확인했다. 종이 장미를 접어 꽃다발을 만들고, 학, 학알을 접어 유리병에 담아주거나 내 몸뚱어리보다 큰 초콜릿 상자에 초콜릿, 사탕, 과자 등을 가득 채워서 주었다. 편지를 쓰고 러브장(일기장)을 쓰고 기념일마다, 기념일이 아니어도 내가 주고 싶으면 막 퍼주었다. 2주에 한 번 부산으로 그를 보러 갔다. 아르바이트로 번 돈은 기차표값과 선물, 데이트 비용으로 다 썼다. 그는 오지 말라고 하지 않았다. 이런 거 필요 없으니 사주지 말라고 하지 않았다. 주면 주는 대로 고마워하며 받았다. 이 사람 뭐지? 왜 아무 말 안 하지? 내가 뭘 하든 하게 두었다.

그는 처음 받아본 사랑이라며 그렇게 받는 게 당연한 건 줄 알았다고 했다. 부담스럽지 않냐는 물음에 전혀 그렇지 않다고, 날 좋아해주는데 왜 그게 부담이냐고, 오히려 먼 길 자꾸 오게 해서 미안하다고 했다. 그가 미안해하는 게 미안해서 난 더 잘해주고 싶었다. 그게 내가 하는 사랑의 방법이었다는 걸 나중에 알았다.

나는 표현을 많이 하고 무언가를 주는 게 사랑이라고 생각하는 사람이었다. 보고 있기만 해도 좋아서 이리저리 쿡쿡 찌르고 표정을 관찰하고 필요한 건 없는지 살피는 것. 내가 우울할 때 좋아하는 사람에게 선물을 하고 그 사람이 좋아하는 모습을 보면서 우울감을 덜어내는 것. 나는 주면서 사랑을 느끼는 사람인 거다. 내가 아무리 정신없이 달려도 그는 내 옆에서 같은 속도로 달리고 있었다. 잘 따라오는지 돌아볼 필요가 없었다. 내가 이상한 사람이 아니고 이별의 원인이 전부 나 때문이 아니며 스스로를 원망하지 않아도 된다는 걸 그를 통해 알았다.

시간이 흘러 이제는 속도를 낼 필요도 잘 쫓아오고 있나 살필 필요도 없게 되었지만, 그때를 생각하면 고맙다. 그러니까 22년을 잘 만나고 있는 거겠지. 이인삼각을 하듯 속도를 맞춰갈 수 있는 사람끼리 만나면 되는 거 아닐까. 요즘도 좋아서 바라기를 하는 '나'와 그런 나를 질려 하지 않는 '그'. 우리는 발을 내려다보지 않아도 한 몸처럼 잘 달려가고 있다.

사랑은 육상처럼 앞지르는 운동이 아닌데.

선

| 이부자 |

    얼마 전까지만 해도 뜨거웠던 아스팔트는 자기 위에 떨어지는 모든 액체를 고체로 만들어버릴 만큼 차가워졌다. 서서히 추워지는 그 계절의 간극에서 고생하는 건 아무래도 인간뿐인 것 같다. 반팔 위에 패딩과 같은 계절 파괴 패션으로 추위와 더위 사이에서 눈치 게임을 하다 보면 결국엔 추위가 이기는 때가 온다. 이때는 전기장판 위에 몸을 뉘어도 표피만 데워줄 뿐 심부까지 데워주진 못한다. 모두가 이불을 머리끝까지 뒤집어쓰고 추위에 벌벌 떠는 이 시기에 첫눈은 의미가 크다. 춥고 괴로운 겨울의 장르를 갑자기 포근한 겨울로 바꾸기 때문이다.

    첫눈이 의미가 큰 만큼 첫눈에 대한 기준이 조금 까다롭다. 모두가 눈이 왔다고 외쳐도 내가 못 봤으면 그것은 첫눈이 아니다. 하늘에서 흩날리기만 하고 발자국이 남도록 바닥에 쌓이지 않으면 그것 또한 첫눈이 아니다. 첫눈은 정말 '눈'처럼 펑펑 와서 세상을 덮어버려야 한다. 이상하게 눈이 오면 그렇게 춥던 날도 조금 덜 춥다. 기분 탓이 아니다. 과학적인 근거가 있다. 수증기가 눈으로 얼어붙을 때 방출하는 승화열 때문이다. 하지만 마음까지 따뜻해지는 건 과학적으로 설명할 수 없다. 나의 경우엔 눈 쌓인 풍경을 보면 눈을 좋아하던 어린 시절의 무언가가 떠올라서라고 얘기할 수 있다.

중학교 2학년 자정을 막 넘은 새벽이다. 그 당시 같이 놀던 무리에서 소외되었을 시기라 정말 내 인생에서 추운 시절이라고 할 수 있다. 어린 시절의 나는 참 대단하여 힘든 시기를 기회로 변환시키고자 노력했다. 그 노력이라 함은 왕따로 인해 잔뜩 남은 시간 동안 공부를 하자는 결심이다.

열다섯 소녀는 매일 학교 끝나고 자정까지 독서실에서 공부했다. 그날도 똑같이 힘든 하루였다. 대충 할 일을 마무리하고 집에 가려고 나왔는데 글쎄 함박눈이 내리고 있었다. 어찌나 천천히 내리는지 가로등 옆으로 내려오는 눈을 하나하나 셀 수 있을 정도였다. 원래는 어두컴컴했던 거리가 오늘 밤만큼은 밝고 하얗게 뻗어 있었다. 발자국이 한 개도 없는 새하얀 공원 바닥을 오랜만에 걸어서 너무 신났다. 그 순간만큼은 내일 학교에서 어떻게 아무렇지 않게 보내야 하지 등의 어두운 고민과 늦게까지 공부해서 따라온 신체적 피로함이 나에게 존재하지 않았다.

아무도 걷지 않은 새하얀 바닥은 내가 조금만 움직여도 흐

트러졌다. 이 매끈한 도화지에 작품을 남기고 싶었다. Karina가 부른 〈Slow motion〉 노래를 들으며 천천히 나의 발자국이 일직선의 선을 만들도록 한쪽 발의 앞꿈치와 반대 발의 뒤꿈치를 이어 붙이며 걸었다. 하얀 바닥엔 내 발바닥 너비만큼의 선이 생겼다.

    그렇게 한참 걷다가 뒤를 돌아보면 내가 일직선으로 똑바로 걸었다고 생각했지만 어딘가 휘어져 있다. 하지만 지나간 것을 되돌릴 순 없는 법. 지금이라도 다시 똑바로 일직선으로 걸어야지 하고 결심하면서 걸었는데 하필 발을 잘못 디뎌서 넘어졌다. 평상시에 넘어지면 쪽팔리고 아플 텐데 아무도 없는 눈 오는 새벽에 넘어진 건 이상하게 넘어져도 싫지가 않았다. 오히려 발라당 누워버렸다. 선은 더 이상 길어지지 못하고 어떤 뭉텅이가 끝에 달려버렸다. 숨통이 트였던 몇 안 되는 기억. 한창 눈 위에서 누워 있다가 뼈가 시릴 만큼 추워질 때쯤 벌떡 일어나서 직선이고 뭐고 그냥 우걱우걱 집에 들어갔다.

    30분도 안 되는 짧은 순간이지만 이 기억 때문에 첫눈만 보면 나는 그 시절 그 아파트 공원으로 매번 돌아간다. 동심이라고 하기도 애매한 중학생 때의 기억이 뭐라고 성인이 돼서도 순간순간마다 어린 시절의 추억을 떠올리며 살아가는 건지 모르겠다. 눈에서 뒹굴었던 경험이 왕따 시절을 버티게 해줬는지는 확실하지 않지만, 오히려 그 30분은 지금의 나를 버티게 해준다. 오히려 내가 기다리는 건 첫눈이 아니라 그 기억인 것 같기도 하다.

살아가면서 어떤 경험은 강하게 내 안에 자리 잡지만 결국은 흐릿해진다. 스물 몇 번의 첫눈을 경험했지만 첫눈에 대한 기억은 오로지 하나뿐이다. 첫눈을 바라보며 옛 생각하는 '나' 정도만 회상하지 첫눈과 함께했던 다른 경험은 나에게 남아 있지 않다. 날 구성하는 건 그 무엇도 아닌 경험했던 몇 가지일 수도 있겠다는 생각을 한다.

이번에 첫눈이 오면 옛 기억을 살려 한 번 더 일직선 걷기를 시도해보려고 한다. 조금 더 조건이 까다로워졌다. 10년 만에 다시 하는 일직선 걷기에서 과연 이번엔 곡선이 아니라 직선으로 걷기에 성공할 수 있을지 궁금하다. 성공해도 좋고 아니어도 내 발의 처음과 끝이 교차하는 그 균형에 집중하고 싶다. 만약에 넘어지면 아예 새로운 모양으로 걸어볼까?

뜸

| 찰스 |

"밥 다 됐다고 소리 나면 꼭 저어서 뜸 들여라!"
"네네 알겠다고요~."

입사 7년 만의 자취를 위해 짐을 싸던 날. 어머니는 이사 트럭 짐칸에 10년 된 3인용 전기밥솥을 넣으며 했던 이야기를 반복하셨다.

"햇반 먹지 말고 꼭 마트에서 쌀 사다가 밥 해 먹고."
"네~ 네~."
"반찬도 웬만하면 사 먹지 말고, 엄마가 만들어줄 테니까."
"네~ 네~."
"먹는 게 남는 거다. 밖에서 파는 거 먹지 말고 집에서 꼭 밥 해 먹고."
"네~ 네~ 그 얘기 오늘만 다섯 번은 하셨어요~."

어머니는 결혼 후 지금까지 가정주부의 삶을 살아오셨다. 아버지가 회사에서 얼마를 벌어다 주건 있는 돈으로 가족들의 먹을 것과 입을 것을 챙기고 남는 돈은 은행에 꼬박꼬박 예금하는 근검 성실한 삶은 어머니의 자부심이었다. 많지 않은 월급을 쪼개고 쪼개어 살림을 꾸리고 두 자녀를 학원까지 보내는 일은 테트리스 게임과 뿌요뿌요 게임의 최고 레벨과 비슷한 난이도였지만, 그럼에도 불구하고 삼시세끼 갓 지은 쌀밥에 생선구이, 찌개 1종을 식탁에 올리는 일은 어머니가 포기할 수 없는 '엄마'로서의 핵심 업무였다.

아들이 자취(겸 독립)를 하겠다고 선언했을 때도 어머니가 가장 먼저 걱정하신 것은 '저놈 밥은 제때 챙겨 먹을 수 있으려나'였다. 어차피 아침과 점심은 회사에서 해결하고, 저녁도 높은 확률로 회사에서 먹을 테니 걱정하실 필요 없다고 강조되고 반복된 소리로 말씀드려도 어머니의 근심은 멈출 줄을 몰랐다. 그 근심의 끝은 언제나 '밥'이었다.

너무나도 한국적인 식단의 우리 집은 항상 밥그릇 가득 밥이 담겨 있어야 했고, 쌀도 마트에서 비싼 축에 드는 것만 사다 먹는 분위기였다. 한국 사람은 밥심으로 사는 거니까, 반찬은 허술해도 밥은 그러면 안 된다는 것이 어머니의 지론이었다. 결국 안 가져간다고, 안 가져간다고 그렇게 이야기한 밥솥을 이사 트럭 한구석에 싣는 것으로 밥 타령은 마무리되었다.

이사 간 곳은 인천 남동구의 한 빌라촌. 작은 거실과 방 하나로 구성된 그곳의 주방은 화장실 들어가는 길목에 작은 싱크대와 인덕션 하나가 간신히 설치된 소박한 사이즈였다. 다이소에서 산 5천 원짜리 식기 건조대와 3인용 작은 밥솥 하나가 주방을 가득 채우고도 남을 정도로. 짐을 대충 풀어놓고 새로운 집에서 걸어서 3분 거리의 대형 마트에 가서 쌀 5kg 하나와 마트표 김치 가장 작은 거 한 팩, 3개들이 특별가 스팸을 한 세트 샀다.

쌀을 수돗물에 대충 씻어 전기밥솥에 안치고 함께 사온 인덕션용 프라이팬에 기름을 살짝 둘러 스팸을 구웠다. 작은 테이블을 펴서 쌀밥 한 공기와 거무스름한-석탄 직전의-스팸, 볶음김치(제일 작은 팩은 배추김치가 아니었다!), 김 한 통을 올렸다. 어머니였다면 절대 주시지 않았을, 건강과는 거리가 먼 식단. 밥 한술에 스팸과 김치를 한 조각 올리고 입안에 넣으니 짭조름하고 맛있었다.

6년이 지난 오늘의 나는 햇반의 모서리를 뜯어 전자레인지에 집어넣으며 말한다.

"뜸 좀 잘 들여줘."

원,
네가
가르쳐줘

혜윰's Pick

남자들은 자꾸 나를 가르치려 든다
introduction

언제나 꼭 해보고 싶은 독서 모임의 주제를 고르라면 '여성'이다. 이 주제로 다른 독서 모임에 갈 기회가 있었는데 회사 일 때문에 가지 못했다. 모임에 나온 사람들의 의견이 궁금했지만 다음을 기다려야 했다. 모임을 찾지 못했다면 내가 하면 되지. 그 마음으로 책을 선정했다. 마침 구성원이 다양했다. 페미니즘을 공부해본 20대 여성, 궁금해 하고 있던 30대 남성, 처음 접해본 40대 여성 한 명, 그리고 나.

유명한 칼럼니스트 리베카 솔닛은 페미니스트이다. 2015년에 이 책을 내고 2017년에 『여자들은 자꾸 같은 질문을 받는다』를 출간했다. 당시 미투 운동이 활발해지기 전이었지만 그의 책을 읽고 페미니즘에 관심이 생겼다는 사람이 많았다. 나도 그들 중 한 명이었다. 아니, 정확하게 말하자면 은유 작가의 『싸울 때마다 투명해진다』를 먼저 읽고 눈을 뜨게 되었고 『남자들은 자꾸 나를 가르치려 든다』를 읽고 나의 나아갈 방향을 정했다.

『남자들은 자꾸 나를 가르치려 든다』를 읽고 새로운 사실을 알게 된 것에 감사하고 공감하길 바란 건 사실이다. 우리는 미처 생각하지 못한 부분까지도 이렇게 차별당하고 있다고 알려주고 싶었다. 시작은 가벼울 수 있지만 무거운 마음으로 앞으로 나는 어떻게 해야 할지 고민하길 바랐다. 책 한 권으로 한 사람이, 세상이 바뀌기는 어렵지만 한 번 더 생각해보는 건 가능하지 않을까.

나 역시 알지 못하는 사이 뼛속까지 차별이 새겨져 그것이 차별인지도 모르고 살아왔다. 이 책이 불편하다는 사람이 많다. 불편한 건 나와 다르기 때문이다. 다르니까 문장이 턱턱 걸리고 반박하고 싶어진다. 반박하려면 어떤 부분이 잘못되고 어떻게 고쳐야 하는지 말할 수 있어야 한다. 양쪽 다 알아야 한다. 그렇게 시작한다. 그러길 바라면서 책을 추천했다. 궁금해지라고. 더 알아보라고.

토론 중 어디서부터 말해야 할지 모르겠다는 의견이 있었다. 이게 왜 불편한지 모르겠다고. 그럴 수 있다. 좋은 게 좋은 거라고 넘어가면 되지 않냐고. 그렇게 살아왔는데 굳이 지금

와서 들추는 이유가 뭐냐고. 사람들은 의외로 성소수자의 의견은 납득하지만 여성의 의견은 참지 못한다고 했다. 성소수자는 너무 멀지만, 여성은 가까우니까. 당장 내 밥그릇을 빼앗을 거니까.

시스젠더 남성이자 동성애자 중에서도 여성을 차별하는 이들이 많다는 이야기를 들었다. 그들도 남성으로서 받을 수 있는 기득권을 여성에게 주고 싶지 않다는 것이다. 지구인의 절반이 여성임에도 여성을 소수자라고 부를 수밖에 없는 이유는 이런 데에서 나오는 것 같다. 반이나 되는데 어째서 동등한 지위를 갖지 못하는가.

책을 읽고 이야기를 나누는 시간에 20대 여성과 나만 열정적으로 이야기를 했던 것 같다. 알려주고 싶은 것이 많고 이해시키고 싶었다. 더 많이 궁금해하라고, 앞으로도 계속 관심을 가지라고. 성공했는지는 모르겠다.

알고 나니 보이는 것

| 혜윰 |

* H사 면접장에서,

- 아이가 둘이나 있네요?

- 네.

- 출근하면 아이는 누가 봐주나요?

- 출근하면 신랑이 저보다 나중에 나가서요. 아침 먹이고 어린이집 차 태워주고 출근할 거예요. 오후에는 친정 부모님이 잠깐 봐주시고요.

- 아, 남편분이 많이 도와주시나 보네요. 출산 계획이 더 있으신가요?

- 아니요, 계획 없습니다.

- 네. 남편분 나이가….

- 2살 오빠예요.

- 두 분 다 어리셨겠네요. 참, 남편분이 어린 나이에 책임감이 있으셨네요.

- …네 책임감 있죠.

- 남편분은 무슨 일 하시는지?
- IT 서비스 회사 다니고 있습니다.
- 그럼 일 안 하고 살림하셔도 되지 않아요?
- 외벌이는 힘들죠.

내가 면접 때마다 토씨 하나 틀리지 않고 나누었던 질의응답이다. 매번 이런 말이 오가니 나는 면접관이 하는 질문이 당연한 줄 알았다. 아이를 돌봐줄 다른 보호자가 있는지 출퇴근에 무리가 없는지를 물어보는 것이 당연하다고. 엄마가 일을 하려면 아이부터 살림까지 신경 써야 할 것이 많으니 말이다.

입사 후에는 부서 사람들에게 면접 때보다 더 디테일한 질문을 받고 답을 해야 했다. 그래서 나온 결론은 나는 좋게 말하면 일찍 결혼한 여자이지만, 나쁘게 말하면 놀다가 아이를 가진 또는 발랑 까진 여자가 되었다. 반면 남편은 아이와 여자친구를 저버리지 않은 책임감 강한 남자였다.

우리나라에서 페미니즘이 수면 위로 올라오고 있던 때에 『남자들은 자꾸 나를 가르치려 든다』를 읽었다. 당연하게 생각했던 것들이 당연하지 않은 것임을 알게 되었다. 별생각 없이 넘겼던 경험이 사실은 부당하고 차별적이라고 반박했어야 했다. 요즘이야 조금 덜하기는 하지만 얼마 전 들은 옛 동료의 말에 따르면 면접관이 임신 가능성이 있느냐는 질문을 했다고 한다. 아직 모르겠다고 대답하자 인상이 바로 굳어졌고 공통 질문조차 하지 않았다고 했다. 그리고 면접관이 남자에게는 저런 질문을 하지 않는다는 사실도.

모르고 당하는 게 나을까? 안다고 해서 제대로 대처할 수는 있을까? 머리로는 알지만, 행동으로 옮길 수 있을까? 페미니즘 관련 책을 읽고 관련 기사를 찾아보며 내가 왜 그동안 반박하지 못했을까 고민하게 되었다. 화가 나고 자신이 한심스러웠다.

하지만 내가 알고 있었다고 해도 상황에 맞는 대처를 할 수 있었을까? 하지 못했을 가능성이 높다. 나는 그저 면접자일 뿐이고 엄마일 뿐이고 여자일 뿐이니까. 또 다른 불이익을 받을지 모른다는 두려움이 있으니까.

비단 면접만의 일은 아니다. 깨닫지 못하는 순간들에 성차별적 발언은 시도 때도 없이 날아왔다. 혼자 여행을 간다고 하면 바로 나오는 질문이 남편이 보내주느냐, 그동안 애들 밥은 누가 해주느냐였다. 심지어 친정 식구도 똑같은 질문을 했다. 남편은 힘들게 일하는데 어떻게 혼자 놀러 갈 생각을 하느냐고 말이다. 또 나는 12살 때부터 쇼트커트 헤어스타일을 해왔는데 왜 머리가 짧냐는 질문을 자주 받았다. 기르면 괜찮을 것 같다는 말과 남자친구나 남편이 기르라고 하지 않냐는 말도 단골 질문이었다. 화장을 하지 않으면 하지 않는다고, 화장이 진하면 진하다고, 치마를 입고 다녀보라고, 밝은 옷을 입고 다니라고, 머리 때문에 남자 같아 보이니 여성스럽게 행동해야 한다는 말을 수도 없이 들었다.

집에서는 어땠을까? 친정에서 한동안 남편을 '삼데렐라'라고 불렀다. 맞벌이를 하든 외벌이를 하든 집안일을 잘 도와준다는 이유에서였다. 시리얼에 우유를 부어주거나 냉장고에서 반찬을 꺼내 식탁에 놓기만 해도 칭찬을 받았다. 한번은 주말에 친정 엄마가 집에 오셨는데 나는 낮잠을 자고 있었고 남편은 빨래를 너는 중이었다. 난리가 났다. 남편 일 시켜 놓고 자고 있다고.

내가 하는 건 당연하고 남편이 하는 건 칭찬받을 일이 되는 집안일. 어디 집안일뿐이겠는가. 남편보다 먼저 출근하고 더 늦게 퇴근해도 집안일 대부분을 내가 했다. 집으로 출근한다며 퇴근 인사를 했다. 회사와 집에서 동동거리며 일을 하는 나를 보고 벌면 얼마나 번다고 남편한테 집안일을 시키냐고 했다. 난 자주 억울했다. 억울했지만 억울한 티도 내지 못했다. 나 역시 집안일은 당연히 여자가 해야 한다고 생각했으니까.

책에 나온 저자의 사례를 나 역시 여러 번 겪었다. 몇몇 남자는 내가 일하는 분야에 대해 자신이 더 아는 것처럼 가르치려 들었다. 나는 이미 업계에서 5년 이상 일했고 자격증까지 취득한 상태였음에도 몇몇은 마치 내 상사인 양 행동했다. 당신이 알고 있는 건 인터넷에 있는 단순한 지식일 뿐이고 실제 업무에서는 그렇지 않다고 말하면 진짜 있는지 의심되는, 내가 일하는 업계의 친구를 들먹이기도 했다. 그럴 땐 입을 닫는 게 낫다는 걸 한참 후에야 깨달았다.

부모님 세대가 그렇게 살아왔기 때문에 내게도 비슷한 잣대를 대려 한다는 것은 이해한다. 그러나 이것이 부당하다는 것을 깨닫고 나니 불편한 마음은 걷잡을 수 없었다. 내가 참으면 내 딸들에게도 참아야 한다고 말해야 할 것만 같았다.

요즘도 크게 바뀌지 않았음을 알고 있다. 이제는 쇼트커트인 여성에게 머리를 길러보라는 말 대신 페미냐고 묻는다고 한다. 지극히 개인 취향의 헤어스타일조차 자유로울 수 없는데 무엇부터 바꿔나가야 할지 막막하다. 그렇기 때문에 알아야 한다. 아주 사소하고 작은 것부터 고쳐나가야 한다. 부당하고 차별적인 대우에 내가 어떻게 대처할지 준비해두어야 한다. 내가 정말로 그렇게 할 수 있을지 걱정은 되지만 노력은 해볼 거다.

'아닙니다. 지금 당신의 말을 정정해주십시오!'라고 말할 수 있는 날이 오기를 바라본다.

유진에게

| 이부자 |

 오늘 하늘을 보는데 마치 파란 도화지에 하얀 물감을 뿌린 것 같지 뭐니. 네가 이런 하늘을 좋아했던 기억이 나서 오랜만에 네 생각에 얼마나 행복했는지. 그걸 전해주고 싶어서 까먹기 전에 서둘러 편지를 썼어. 멀리 떨어져 있어도 평범한 일상 속에서 서로를 생각할 수 있는 건 정말 좋지 않니?

 우리가 함께 보낸 시간은 내 생에 있어서 살아있다는 느낌을 가장 크게 받은 시간이었어. 뭐 엄청난 모성애 그런 건 아니고 정말 오랜만에 삶은 값지고 소중히 대해야 한다는 걸 느꼈다는 거야. 내 삶도 포함해서 말이지. 사는 게 별거 없는 것 같을 때 삶 자체가 중요하지 않다는 비관적인 생각에 사로잡힐 때가 많아. 하지만 넌 정말 생각하기만 해도 그 모든 걸 넘게 해주고 날 기쁘게 해.

 오랫동안 혼자였던 나는 어느새 혼자가 편해져 관계라는 것이 무의미하고 소모적이라고 생각했었지. 하지만 내가 누군가에게 도움이 될 수 있고 내가 누군가에게 소중한 사람이 될 수 있다는 사실이 얼마나 삶을 다시 의미 있게 만드는지!

하지만 이상하게 세상은 수많은 이유로 사람을 고립시키더라. 일을 배우는 게 느리다는 이유로, 나서서 말을 잘 못한다는 이유로, 더 근본적으로 나아가 성별만으로 신분만으로 국적만으로 고립시키지. 고립된 내가 잘못한 걸까? 당연히 아니지. 근데 막상 당하면 자꾸 내 탓인 것 같아. 뒷걸음치게 되고 결국엔 자신을 의심하게 되고 말아. 부정적인 것은 항상 긍정적인 것을 압도하니까.

하지만 늘 그렇듯 가혹한 계절엔 분명한 끝이 있고 따뜻한 햇살 쏟아지는 때가 분명히 올 거야. 그때를 즐기기 위해선 마냥 기다리기보단 고립된 서로가 서로를 꺼내주어 함께 더불어 살아가는 수밖에 없는 것 같아.

다른 사람 눈에 내가 어떻게 보일까? 보잘것없는 사람, 이상한 사람, 최하위 사람. 뭐 이 정도까지 생각하는 사람은 없겠지만 그래 좋아. 그렇게 보면 뭐 어때. 내 안에 있는 엄청난 열망을 이해해주는 사람 한 명만 내 옆에 있으면 남들의 평가는 다 필요 없어. 그런 사람이 주변에 있니? 겉으로 만들어진 너의 모습 말고, 너의 깊은 내면과 생각을 공유할 수 있고 이해해주는 사람 말이야. 누군가를 만족시키기 위해 자신에게 해를 끼치는 행동은 절대 하면 안 돼. 맞지 않는 꾸밈은 던져버려. 세상의 평가 따위 신경 쓰지 말고 너의 생각을 자유롭게 펼쳐. 그것이 나의 소망이야. 내 소망은 널 향한 사랑 그리고 나 자신에 대한 야망에 기반을 두고 있어.

참을 수 없는 고통이 대부분 날 차지한다 해도 아직도 순수, 조화, 평화가 분명히 존재해. 그것이 비록 창곡의 가장 구석에 있더라도 분명히 존재하고 그것을 생각해내고 사용할 수 있을 때가 올 거야. 넌 좋은 사람이야. 그걸 믿어봐.

네가 꼭 했으면 하는 게 있어. 영어 공부를 해. 뭔 소린가 싶지? 물론 나도 학교 다닐 때 영어 공부 진짜 싫었지. 그런데 성인이 돼서 영어를 공부하다 보니까 언어를 배우는 건 단순히 학습에서 그치는 게 아니라 나를 둘러싼 환경을 넓혀주는 거더라고. 그래서 언어 공부하는 걸 추천해. 한국에서는 경험하지 못한 새로운 기회들이 언어를 공부하면 너에게 찾아올 거야. 그렇게 된다면 네가 너에 대해 고민할 때 답을 찾기 좀 더 수월해지지 않을까?

또 운동도 좀 해라. 네가 어렸을 때 운동 안 시켜줘서 정말 미안해. 지금이라면 일주일에 5번이라도 운동 보낼 수 있을 것 같은데 말이지. 네가 싫어하는 소리가 벌써 여기까지 들린다. 운동을 좋아하기 시작하면 체력은 원 플러스 원으로 따라와. 위에서 주야장천 얘기했던 더불어 살아가는 것도 결국 다 체력이다. 내가 힘들면 사랑이고 뭐고 없어. 체력이 중요한 건 내가 말 안 해도 잘 알지? 지금이야 아직 운동 안 해도 젊음이 널 받쳐주겠지만 점점 힘들어지는 걸 느낄 거야.

삶이 유료가 되기 전에 건강 챙겨야 해. 단순히 헬스를 하라는 건 아니야. 언제 어디서든 취미처럼 널 단련시켜줄 운동을 찾으라는 거지. 그리고 나중에 서로 좋아하는 운동 같이하자. 너랑 꼭 같이 운동하고 싶어.

이제 마지막으로 할 말만 하고 편지를 마무리하려 해. 우리 고통에 무감각해지지 말고 더불어 살아가자. 너의 인생에만 집중하는 것이 아니라 타인, 특히 약자에게 관심을 갖자. 우리는 모두 '아직'의 상태야. 언제 어디서 약자가 될지 몰라. 하지만 꼭 나에게 대입시키지 않더라도 그들의 고통에 공감할 수 있으면 좋겠어.

뉴스만 틀면 착취당하는 노동자, 성폭행당하는 여성, 방치되는 노인 등 약자들에 관한 이야기가 나와. 하지만 이제는 아무리 뉴스에서 그들을 이야기해도 누구도 주목하지 않는 사회가 되었어. 다들 살아가는 것만으로도 벅차서 힘든 걸 외면하고 싶은 것일지도 몰라. 하지만 진정한 성공을 위해선 어떻게 하면 내가 더 잘나갈지를 고민하는 게 아니라 함께 가는 법을 고민해야 해.

사회의 어두운 면을 보는 것은 힘든 일이지만 결코 외면하면 안 돼. 세상은 점점 개인을 고립시키고 주변을 둘러보지 못하도록 시야를 좁게 만들고 있어. 우리가 우리 눈에 보이지 않는 고통에 대해서 반응하지 못한다는 건 슬픈 일이야. 너랑 나, 같은 시대의 사람들, 더 나아가 미래 세대를 위해 우리 같이 예민해지자. 작은 일이라도 그들을 위한 너의 행동 하나하나가 큰 힘과 위로가 되어줄 거야.

네가 보는 내가 어떤지 궁금해. 깐깐하고 보수적인 어른일까? 아니면 자유로운 영혼의 어른일까? 네가 나를 그 자리에 머물러 있는 어른보단 나이 들어도 계속 새로운 것을 배우고 성장하기 위해 노력하며 순간순간 재밌게 살아가는 어른으로 기억해줬으면 좋겠다.

많이 힘들지? 산다는 건 왜 이렇게 힘든 걸까. 누가 그러더라. 과거에 사는 사람은 후회하고 미래에 사는 사람은 불안하다고. 그래서 사람은 현재에서 살아야 한다고. 그런데 자꾸 현재를 사는 것 같지만 정신 차리고 보면 과거와 미래에서 허덕이는 나를 발견해. 하지만 확실한 건 나는 네가 어떤 선택을 해도 너의 곁에 있을 거야. 삶에 고난이 찾아와도 우리 그 안에서 재미를 찾을 수 있는 그런 모녀가 되어 오손도손 살아가자. 네가 진짜 포기하고 싶을 때 이 편지가 너에게 힘이 되어주었으면 좋겠어.

추운 현실 속 항상 따뜻한 여름처럼 내 옆에 있어 주었던 우리 딸 유진이. 사랑한다. 보고 싶어.

가르치려 들지 좀 마

| 찰스 |

"너는 그게 문제야. 항상 가르치려고 들어."

아마도 중학교 2학년 때, 교회에서 한 아저씨에게 들었던 말이다.

내 세상은 단순했다. 옳은 것과 그렇지 않은 것. 질서를 어그러뜨리거나 타인에게 피해를 주는 것은 옳지 않은 것이었고 하지 말아야 할 일이었다. 그런 의미에서 세상은 참 이상한 곳이었다. 어른들은 아이들에게 하지 말라고 하면서 왜 자신들은 늘 같은 일을 할까?

무단횡단을 하는 것, 남 탓을 하는 것, 자신의 일을 남에게 미루는 것, 자기가 잘못해 놓고도 사과하지 않는 것, 약속을 어기는 것 또는 지키지 못할 약속을 하는 것, 자신의 아이를 통제하지 않는 것. 어릴 때의 나는 용감했고(=겁대가리가 없었고), 정의감에 차 있었고(=눈에 뵈는 게 없었고), 무엇보다 내가 옳다고 확신하고 있었다. 그래서 다른 사람을 지적하는 것에 거리낌이 없었다.

"실내에서 신발 신고 다니게 두시면 안 되는 거잖아요."
"왜 선배님들은 맨날 말로만 하세요?"
"그건 네가 열심히 안 해서 그런 거 아냐?"
"왜 이걸 몰라?"

나는 인생에는 원칙이 있으며 누구나 그것을 지킬 수 있다고 믿었다. 원칙이 지켜지지 않는 것은 그 사람이 지킬 의지가 없기 때문이며 그것은 그 사람 개인의 문제라고 생각했다. 나는 그것을 지키기 위해 최선을 다하고 있으므로 (그리고 어느 정도 지키고 있다고 믿었으므로) 그들을 비난할 자격 또한 가졌다고 믿었다. 내가 습관적으로 타인을 비난하는 동시에 비하하고 있다는 사실을 깨달은 것은 성인이 되고서도 한참 나중의 일이었다.

문제는 그뿐만이 아니었다. 사실 맞는 말인가 아닌가는 큰 문제가 아니다. 진짜 문제는 그 말을 전달하는 방법에서 발생한다. 우리 가족은 대한민국 이력서의 90%를 차지한다는 엄하신 아버지와 자애로우신 어머니, 나, 동생으로 구성된 화목한 4인 가족이다. 남들과 조금 다른 점이라면 아버지는 지나치게 과묵하신 편이었고, 어머니는 지나치게 직설적이면서도 단정적인 화법을 구사하신다는 것이었다. 이러한 부모님 슬하에서 자란 나와 동생 또한 자연스럽게 비슷한 화법을 쓰게 되었다. 그나마 동생은 어린 나이에 세상의 이치를 깨달아 겉과 속을 달리하는 말하기에 익숙해졌다.

하지만 그런 고품격의 눈치가 없었던 나는 매사에 따져 묻는 것이 일상이었고 이는 친구 밀도의 급격한 감소로 이어졌다. 친구가 없으니 집에 일찍 들어오게 되고. 친구 사귀기는 더더욱 어려워지고. 악순환의 연속이랄까. 이런 생활이 이어지다 보니 어느새 나의 소통 방법 자체가 듣는 사람의 상황과 기분을 전혀 고려치 않는 일방적인 것이 되어 있었다. 거기에 출처를 알 수 없는 도덕적 우월감까지 있으니 말투가 정상일 리가 없지 않겠는가.

당시 나를 서술하던 표현들이 몇 개 있었는데. 이것이 가장 대표적이었다.

"쟤는 지가 다 가르치려고 들어."

내가 알고 있는 것이 진짜 FM이 아님을, 남을 비난할 자격 따위 없음을, 모든 타인이 나 이상으로 가치 있는 사람임을 깨닫기 위해서는 많은 것이 깨져나가야 했다. 대학에서 만난 수학과 과학이 혼자의 힘으로 이해할 수 없는 영역임을 깨달았을 때, 나의 똑똑함에 대한 신뢰가 무너졌다. 설계 수업에서 나란히 놓여 있는 스터디 모형 중 내 것보다 못한 것이 한 개도 없음을 깨달았을 때, 나의 창의력에 대한 기대가 소멸했다. 현장에서 만난 계약직 직원들이 다 나보다 일을 잘한다는 것을 깨달았을 때, 나의 성실함이 허구임을 알았다.

내가 갖고 있던 것이 사실은 별 볼 일 없는 자기 위안일 뿐임을 깨달았을 때, 나는 나를 직시할 수 있었다. 나는 옳은 적이 없었고, 단지 지기 싫어하는 어린아이였을 뿐인 것이다. 마흔이 된 지금도 그때와 크게 다를 것은 없지만, 어제보다 나은 내가 되기 위해 조금 더 듣고, 조금 더 생각한다. 이제 말만 좀 줄이면 된다.

명절 독립

| 비비 |

　결혼 후 오랫동안 나의 직업은 전업주부였다. 지금은 글을 쓰고 있지만 내 글이 팔리는 글이 되리라는 확신도 없기에 누가 직업이 무엇이냐고 물어보면 여전히 전업주부라고 답한다. 전업주부이자 엄마라는 직업으로 산 지 14년 차. 엄마가 되기 전 내 이름으로 살아온 날들은 희미해져 점으로 드문드문 기억에 남아 있다.

　두 아이의 엄마가 된 이후의 삶은 곡선으로 이어져 끊임없이 나를 휘감고 있어 어디가 끝이고 어디가 시작인지 알 수 없다. 해도 티도 안 나는 집안일은 말해 뭐 해. 그래도 집안일은 이력이 났으니 충분히 감당할 수 있다.

　몸 쓰는 일보다 나를 더 힘들게 하는 것은 육아를 하면서 느끼는 감정의 너울에 이리 치이고 저리 치이는 어색한 나와 마주하는 일이다. 약자인 아이들에게 막말을 퍼부을 때, 결국 이 정도밖에 안 되는 인간인 줄 알았을 때 나는 한없이 작아진다. 거기다 전업주부라는 네 글자에 잉여 인간이라는 느낌이 더해지면 그야말로 나락으로 빠지는 기분으로 하루를 마무리하곤 한다. 비록 그 또한 내 인생일지라도 도망치고 싶다. 그곳이 어디든.

내 이름 석 자로 된 신용카드가 필요해서 신청했더니 전업주부라는 이유로 카드 회사에서 남편의 개인정보를 요구했다. 카드를 만들려면 남편의 동의를 얻어야 한다는 사실. 물론 자산 조건이 되면 이런 과정은 필요 없지만, 나의 경우 남편의 동의가 필요했다. 결국 남편에게 카드를 만들어야 하니 어쩌고저쩌고 구차한 이야기를 해야 했다.

카드 회사에서 확인 전화가 왔다는 그의 답을 들은 지 얼마 되지 않아 카드 발급은 일사천리로 마무리되었다. 분명 내 이름으로 된 신용카드를 받았는데 카드 주인은 내가 아닌 듯한 느낌이다. 고작 신용카드 하나 만드는 일에도 전업주부는 세상으로부터 인정을 못 받고 있다는 느낌을 지울 수 없다.

전업주부도 하나의 직업으로 인정을 해주는 사회는 언제 오는 것일까? 아니 그런 세상이 오기나 할까? 육체노동에 감정노동까지 했는데 무급인 전업주부의 삶을 괜찮은 인생이라고 누군가에게 자신 있게 권할 수 있을까?

매년 설과 추석 두 번의 명절을 보내고 나면 인터넷 커뮤니티에는 시댁 이야기가 넘쳐난다. 자신도 누군가의 집에서는 귀한 딸인데 이상하게 시댁만 가면 종이 되는 것 같다며, 새벽부터 제사상을 준비하고 싱크대 앞에서 설거지만 몇 시간째 하는 여자와 차려진 밥상을 받고 TV나 보면서 소파에 누워 있는 남자의 모습이 눈앞에 훤히 그려진다. 친정에 간다고 해도 상황은 별반 다르지 않다. 남자는 여기서도 사위 대접을 받는다. "김 서방 피곤할 텐데 쉬어." 지금까지 쉬다 왔는데 또 뭘 쉬라는 건지. 한숨이 절로 나온다.

명절마저 고단한 당신들의 삶은 행복했냐고 그녀들에게 묻고 싶다. 이제 좀 같이 편하게 살자고 말하고 싶다. 아니 누군가는 말해야 한다. 엄마가, 아내가, 며느리가 행복해야 가정이 행복하다고. 오죽하면 명절 직후에는 이혼율이 증가한다는 뉴스가 나올까?

명절이야말로 여성에게 불합리한 관습이 아닌가. 물론 시대가 변해 어떤 가정에서는 명절이지만 제사도 안 지내고 가족끼리 여행을 가거나 외식을 하며 연휴를 보낸다고 한다. 하지만 여전히 내가 아는 대부분의 여성은 설거지 지옥으로 인해 괴로운 명절을 보내고 있다.

명절만 되면 나오는 이야기가 또 하나 있다. 바로 호칭이다. 몇 해 전 나이가 어린 남편 동생을 부를 때 '도련님'이나 '서방님'이라는 호칭 대신 이름을 직접 말해도 된다는 언어 예절 안내서가 발간됐다는 뉴스를 본 기억이 있다. 남녀 차별적인 호칭을 개선하는 데 초점을 맞췄다고. 그 후로 몇 해가 지났건만 여전히 '도련님', '서방님'이라는 호칭을 사용하고 있다. 올해에는 여성가족부에서 가족 모두가 함께 추석 명절을 준비하고 즐기는 '추석 명절 가족 캠페인'을 진행한다고 하며 장인어른 장모님 대신 '아버님' '어머님'으로 사용하자고 권고했다는 뉴스를 보았다. 뉴스 끝에 이런 문구를 보고 웃음이 피식 새어 나왔다.

"이번 캠페인을 통해 온 가족이 행복한 한가위를 보내는 방법으로 가족 모두가 자녀 돌봄, 음식 준비, 설거지, 청소 등을 함께 하고 함께 쉴 것을 제안했다."

과연 얼마나 많은 가정에서 여가부의 캠페인에 따랐을지는 명절 후 인터넷 커뮤니티를 조금만 찾아보면 알 수 있을 것이다. 남녀 차별에 있어 법과 제도는 많이 바뀌었을지 몰라도 여자들은 여전히 느리게 변하는 가치관과 사회 분위기 속에서 옥죄어 오는 가슴을 움켜쥐고 있다.

언제쯤이면 여성과 남성이 명절에 함께 일하고 함께 쉴 수 있을까? 다가올 명절이 두렵다. 어릴 때는 새 옷과 두툼한 세뱃돈을 기대하며 잠을 설쳐가면서 기다리던 명절이었다. 이제는 설, 추석을 저 멀리 밀어내고 싶다. 달콤한 어린 시절의 추억마저 기피하는 어른이 되어버렸다. 언젠가는 나도 같이 즐길 수 있는 명절이 오리라 기대하며 그날을 상상해보았다.

2030년 2월 1일 다음 뉴스 전해드립니다.

이번 설 연휴에는 남자들이 집안일과 음식 만들기를 할 차례라고 합니다. 2025년부터 시작된 양성평등 명절 문화 캠페인이 5년 만에 드디어 제도화되었습니다. 광장시장에는 명절 차례상을 준비하러 온 수많은 남성으로 발 디딜 틈이 없다고 합니다. 지금 광장시장에 나가 있는 김추석 기자 연결해봅니다.

"올해부터는 남녀가 번갈아 가면서 명절 음식과 집안일을 하게 됩니다. 이번 설은 남성이, 다가올 추석에는 여성이 명절 준비를 해야 합니다. 만약 이를 어기면 과태료가 부과될 예정이라고 합니다. 불합리한 가정이 있다면 남녀평등 신문고 앱을 통해 신고도 가능하다고 합니다. 차례 음식 준비를 위해 나온 한 아버님과 인터뷰를 해보겠습니다."

유원
introduction

 누군가의 삶의 몫까지 산다는 게 가능할까? 좋은 어른은 어떤 사람일까? 죄책감이란 무엇이고 얼마나 가져야 사라지는 걸까? 참기 힘든 사람을 어떻게 대해야 할까? 친구란 존재는 어떤 것일까? 가까운 이를 잃고 할 수 있는 게 뭐가 있을까? 나를 희생해서 타인을 이롭게 하는 것이 과연 가능할까? 순수하게 이타적인 행동을 할 수 있을까? 청소년 소설이란 청소년이 나오기만 하면 되는 건가?

 책 한 권 속에 참 많은 질문이 숨어 있다. 성인이 청소년 소설을 읽는다고 하면 자녀 또래의 심리를 알고 싶어서 읽는다고 여기곤 한다. 예전에는 딱히 청소년 소설이라 불릴 만한 작품이 거의 없어서 그런 인식이 있었던 것 같다. 그러나 요즘은 좋은 작품이 많아 챙겨 읽어야 할 정도이다.

자기주장이 생기고 나면, 죽을 때까지 우리는 많은 고민을 한다. 해도 되는지 안 되는지, 어떤 것을 선택할 것인지, 도덕적인지, 나에게 이로운지, 남에게 해로운지 등. 어리다고 고민이 없는 게 아니고 나이 들었다고 고민에서 벗어나는 것도 아니다. 우리는 종종 나 외에는 고민이 없는 것처럼 굴기도 한다.

이것이 내가 이 책을 추천한 이유이다. 내 자녀를 잘 키우기 위해 그들의 심리를 책으로 배우겠다는 생각이 아니라 나도 겪었던 그때의 고민과 생각을 다시 떠올려보고 어른의 그것과 다르지 않다는 걸 인지하기 위해서 말이다. 자녀가 있든 없든 상관없이 어른의 시선에 갇히지 않기 위해 동화책도 읽고 청소년 소설도 읽고 글자가 없는 그림책도 봐야 한다.

이 책을 처음 읽었던 날이 생각난다. 둘째 아이가 고등학교 입학을 앞두고 학교에 오리엔테이션을 가는 날이었다. 멀리 있는 학교여서 길을 알려주려고 같이 버스를 타고 학교까지 갔다. 한 시간이면 끝난다고 하여 카페에서 커피를 시켜놓고 책을 읽기 시작했다. 가볍게 읽을 생각으로 펼쳤다가 점점 묵직해지는 마음은 어찌할 수 없었다.

살고 죽는 문제가 어린 나이에도 중요한 고민거리라는 걸 이 소설을 읽으며 깨달았다. 어리다고 공부 걱정만 하지 않으며 결코 잔잔한 고민거리만을 품고 사는 것이 아니라는 것을 책은 보여준다. 친구 사이의 문제는 사회에 나와 겪는 인간관계와 다르지 않고 성적은 실적으로 평가되며, 가족 간의 갈등과 화해는 죽을 때까지 해야 할 과제이다. 그래서 청소년 소설일수록 고난을 극복하고 성장하는 이야기가 있어야 하고, 독자에게 자신을 돌아볼 시간을 제공하는 게 작가의 소임인 듯하다.

좋은 어른과 나쁜 어른을 보여주고 권선징악으로 끝이 나는 소설이 대부분이긴 하지만 다양한 인간의 모습을 보여주는 것도 청소년 소설에 꼭 필요한 부분이라고 '점점점' 멤버들은 입을 모아 이야기했다.

청소년 소설이라고 하면 시시할 것 같은가? 천만의 말씀. 더 생생하게 와닿는다. 나도 청소년이었으니까.

상실, 친구, 가족, 누군가의 삶의 몫, 이타심, 형제 등 핵심 키워드가 많았던 이 책을 읽고 멤버들은 어떤 키워드로 글을 썼을까?

저의 베프를 소개합니다

| 혜윰 |

이제 제 차례인가요?

안녕하세요, 혜윰입니다.

고민을 많이 했습니다. 누구를 소개할까, 누구를 소개해야 그 사람도 그렇다고 인정해줄까 하고요. 저를 아시는 분은 아시겠지만, 책방에서 만난 인연 말고 전 딱히 친구라고 할 사람이 없거든요. 한 사람밖에 없더라고요.

어떻게 살면 40대가 되도록 친구라 부를 사람이 한 명도 없나 싶긴 하지만, 그래도 베프라고 자신 있게 말할 사람이 있어서 다행인 거겠죠? 저 혼자만 베프라고 한 게 아니니까요. J도 제가 베프라고 했거든요.

저의 베프 J를 소개합니다.

J와는 2001년에 처음 알게 되었으니까, 22년이 되었네요. 와, 제 인생의 절반 이상을 같이 했네요. 그동안 큰 싸움 없이 지낸 걸 보면 인생 헛산 건 아닌가 봐요.

오늘 모임 오기 전에 생각이 참 많았습니다.

친구란 뭘까? 나한테 친구는 어떤 사람일까? 내게 친구가 있었나? 이런 질문들이 머릿속에서 둥둥 떠다녔어요. 그동안 제가 친구라고 생각했던 사람들 얼굴도 같이 둥둥 떠다녔고요. 그 얼굴은 지금 어디 있지? 나와 연락은 하고 있나? 그건 아니더라고요. 그럼 그 얼굴은 이제 지인이라고 명명해도 되지 않을까요? 아니면 그냥 옛날에 알았던 사람 정도? '한 번 친구는 영원한 친구 아이가' 하는 시대는 아니잖아요.

근데 친구의 의미도 상대적인 것 같아요. 나는 친구라고 생각하는데 상대방은 아니라고 생각한다거나 그 반대의 경우도 있으니까요. 그런 경험 없으세요? 학교 다닐 때 "나 쟤랑 친구야" 했는데 그 애는 "난 너랑 친구 아닌데?" 해서 굉장히 뻘쭘했던 경험. 아, 저만 있는 건가요? 하하. 여하튼 그건 옛날이나 지금이나 비슷하지 싶어요.

예전에는 학교에서 만난 애들은 다 친구였잖아요. 사회에 나와서는 같이 일한 사람들이 친구가 되고요. 근데 사회에서 만난 사람은 회사를 그만두면 인연이 바로 끊기더라고요. 희한하게도 오히려 학교 때 친구가 오래가고요. 왜 그런지 잘 모르겠어요.

그런 의미에서 보자면 J와는 어른이 돼서 만났지만 이렇게 오래가는 거 보면 찐친이죠.

아, 근데 저희는 친구이긴 한데 사실 0촌이라고 하는 게 더 정확하겠지요. 법적으로 구속된 사이죠. 대충 눈치채셨죠?

한집에 살고 있고 서로가 원하는 대답을 해주는 사이. 사소한 오해로 손절하고 싶다는 마음을 먹을 필요 없을 정도로 서로를 잘 알고 있는 사이죠. 눈빛만 봐도 아는 게 부부이긴 한데 친구 사이도 그렇잖아요. 표정만 봐도 목소리만 들어도 회사에서 무슨 일 있었어? 남친이랑 싸웠어? 여친이랑 싸웠어?라고 물어보잖아요. 친구끼리. 저희가 그렇거든요. 하긴 20년이 훌쩍 넘었으니 그 정도는 해야겠죠? 그래도 사람과 사람이 만나는데 100프로 잘 맞고 이해하는 관계는 있을 수 없잖아요. J와는 처음에 나랑 참 비슷한 사람이다~ 했어요. 그런데 살아보니까 그게 아니더라고요. 가끔 깜짝깜짝 놀란다니까요. 이런 사람이었어? 하고요.

J와 지금의 관계가 될 수 있었던 건 힘든 시기를 같이 극복해왔기 때문이라고 생각해요. J는 어떻게 생각하는지 모르겠지만요. 일찍 애 엄마, 애 아빠가 돼서 편견에 부딪히고 경제적 빈곤에 부딪히고 사람들과 부딪히고 애들과 부딪히고. 20년이라는 세월은 무시할 수 없으니까요.

저는 J를 남과 비교하지 않고 그냥 사람 하나만 봤고, J는 제가 하는 모든 일을 지지해주었던 게 지금의 우리를 있게 해주었다고 생각합니다. 비난하지 않는 것. 그게 생각보다 중요하더라고요. 물론 T형인 J가 공감해주지 않을 때도 많지만 이제는 그러려니 해요. 아, 제가 책 모임에서 J에 대해 자주 했던 말이 있어요. J는 잘 훈련된 AI 같다고요. 제가 듣고 싶어 하는 대답을 척척 하거든요. 가끔 오류가 나서 잘못된 대답이 나오면 이건 이렇게 대답해야 한다고 업데이트 해주기도 한답니다.

괜찮은 인간관계, 진정한 친구 이야기가 나오면 전 괜히 쪼그라들어요. 볼 수도 만질 수도 없는 투명 인간 같은 것이 친구인 것 같고, 죽을 때까지 남들이 말하는 친구를 가질 수 있을까 걱정도 되고요.

인디언 속담에 '친구는 내 슬픔을 등에 지고 가는 사람'이라고 합니다. J와 저는 오랜 세월 서로의 슬픔과 고통을 덜어서 자신의 등에 얹고 걸어온 게 아닐까 싶어요. 그리고 앞으로도 쭉 그렇게 걸어갈 것 같습니다. 아마도 죽을 때까지? 괜찮은 결말 아닌가요? 안 그래요? J?

급속사망

| 이부자 |

　병원에서 일하다 보면 어쩔 수 없이 '죽음'이란 단어에 대해서 생각해보게 된다. 솔직히 말해서 죽는 건 무섭다. 여기서 정확하게 짚고 넘어가야 하는 건 죽음에 대해서 어떤 부분을 두려워하는가이다. 일반적으로 죽음을 두려워하는 이유는, 아픈 게 싫다, 소중한 사람들과 헤어지는 게 싫다는 두 가지가 대표적인 것 같다.

　나는 아무래도 직접 임종 환자들을 접하다 보니 여기에 구체성이 추가되었다. 죽는 과정이란 아름답지만은 않다. 목욕하기 어렵기 때문에 몸에 각질이 쌓이고, 관절에 강직이 오고, 온몸이 코끼리처럼 퉁퉁 붓고, 인공 기도관 등 여러 생명 유지 장치들에 둘러싸여 있게 된다. 실제 저런 환자들을 보면 그 병상 위에 나를 대입해보게 된다. 생각만 해도 끔찍하여 부모님에게 나의 DNR(심폐 소생술 금지)에 동의해달라고 얘기했다가 부모님께서 속상해 하기도 하셨다.

　하지만 임종 과정에 대한 고민을 하는 사람이 나뿐만은 아닌 것 같다. 요즘 SNS에서 핫한 주제는 '급속사망'이다. 건강을 위해 저속노화 식단을 해야 한다고 전문가들이 주장했을 때 '흥, 한 번 사는 인생. 내 마음대로 먹을 테다'라며 먹보의 민족답게 강경한 태도를 보이던 젊은이들이 저속노화 식단을 하면 급속사망이 가능하다는 기사가 나오니까 다들 '뭐라고?' 하며 바로 입장을 바꾸는 태도를 보였다. 나도 그 젊은이들 중 한 명이다. 모두의 희망사항이 자다가 아무도 모르게, 심지어 나도 모르게 죽는 것 아닌가. 그런데 죽는 과정이 급속한 것까진 좋은데 죽는 순간에 대해선 별다른 언급이 없다. 난 죽는 순간도 너무 무섭다.

아무리 나이 먹어도 죽는 순간이 무서운 건 똑같은 것 같다. 일하던 병원에서 매일 소리 지르고 침대에서 뛰쳐나오는 할머니가 계셨다. 안 그래도 일하느라 바쁜데 할머니가 자꾸 사고 치니까 처음에는 굉장히 미웠다. 어느 한가한 밤에 할머니가 안 자고 또 침대 난간을 탕탕탕 치고 있길래 가서 물어봤다.

"할머니 왜 안 자요?"

"무서워서 그래."

"뭐가 무서운데요?"

"죽는 게 무서워. 엄마 보고 싶어."

할머니가 엉엉 우는 것이었다. 여든 넘은 노인이 죽는 게 무섭다고 날것의 감정을 표현하는 것은 꽤 충격이었다. 할머니를 달래주기 위해 눈물을 닦아주면서 이런저런 질문을 했다. 형제자매는 어떻게 되는지, 고향이 어딘지, 어린 시절이 기억나는지. 비록 현재 시점에서 대답해주진 못했지만 어린 시절에 대한 질문에 모두 대답해주셨다. 그러면서 계속 엄마가 보고 싶다고 하셨다. 이미 할머니의 어머니는 돌아가셨을 게 당연한데 말이다.

"할머니, 엄마 보고 싶으면 얼른 주무세요. 자야 꿈에서라도 어머니 만나죠." 하면서 머리를 쓰다듬어드리니 진정제를 사용하지 않아도 기적처럼 바로 잠이 드셨다. 원래는 진정제를 고용량 사용해야만 잠이 드는 할머니였다. 그 이후로 일주일 정도 사경을 헤매다가 돌아가셨다. 죽기 하루 전부터는 계속 의식 없는 상태였다. 그때 꿈에서 그토록 보고 싶어 하던 어머니를 만나셨을까?

그 할머니 이후로도 여러 환자의 죽음을 경험하며 죽는다는 건 결국 긴 수면이라는 것을 깨달았다. 사람이 방금까지 눈 뜨고 있다가 갑자기 1초 만에 사망하는 경우는 없다. 대부분 최소 반나절 이상은 의식을 잃고 있다가 사망 단계에 이른다. 그 모습을 보며 나도 죽음을 의식 없는 상태에서 경험하겠구나 싶었다. 나는 악몽은 잘 꾸지 않는 편이니까 행복한 꿈을 꾸다가 죽을 거라 생각하니 두려움에서 벗어날 수 있었다.

죽으면 주변 사람들과 다신 못 만나게 된다는 점은 참 슬픈 일이다. 주변 사람들에겐 미안한 말이지만 나는 술래가 될 생각은 없다. 술래란 정세랑 작가의 『시선으로부터,』에서 나오는 표현으로 먼저 떠난 사람들을 그리워하는 개인을 말한다. 다들 살 만큼 살다가 내가 1등으로 떠났으면 좋겠다.

다만 내가 원하는 것은 죽음이란 개념이 너무 부정적이고 슬픈 어감으로만 표현되지 않았으면 좋겠다는 것이다. 죽음이 슬픔인 문화에서 '애도 과정'을 적절하게 경험하는 건 불가능에 가깝다고 생각한다. 의학서적에서 나온 적절한 애도 과정은 주변 사람들과 슬픔에 대해서 지속적으로 공유하고 감정을 억누르지 않고 표현하는 것인데 실제 우리 문화에서 죽은 사람에 대한 언급은 거의 금기시된다.

적절한 애도 과정을 거치지 못하면 죽음이란 것은 결국 트라우마로 남게 되어 한 사람의 인생에 큰 영향을 미치게 된다. 내 죽음이 누군가에게 트라우마로 남는 건 끔찍한 일이다. 잘 살다가 죽을 때 돼서 죽는 건데 모두가 울고 있으면 그 사람 인생의 마지막이 슬픔으로 끝나는 것 아닌가. 다시 못 보는 건 아쉽지만 죽은 사람을 훨훨 보낼 수 있는 문화가 어서 빨리 자리 잡았으면 좋겠다.

행복한 죽음을 위해 장례식의 혁신은 필요하다. 내 장례식은 전시회처럼 진행하고 싶다. 우선 벽에 나의 행복했던 순간을 담을 사진을 시간 순서대로 걸어놓을 것이다. 입구부터 밥 먹는 곳까지 가는 길에 나의 인생을 구경시켜주는 것이다. 그리고 생전 나의 플레이리스트를 반복 재생할 것이다. 록과 메탈 음악을 좋아하니 방문자들의 귀가 꽤 아플 수도 있겠지만. 그리고 내가 좋아했던 음식으로 구성한 뷔페식으로 대접하는 것이다! 김밥과 감자칩을 같이 먹는 걸 좋아하는 나의 괴식을 모두가 체험해봤으면 좋겠다. 지인들이 내 사진을 보며 웃고 울고 자유롭게 감정 표현하며 '이부자 이 자식. 잘 살았네'라고 얘기해줄 수 있으면 좋겠다. 그 정도만 해도 성공한 삶 아닐까?

하지만 죽음 이후의 일은 나중으로 미뤄두고 우선 현재에 집중해야겠다. 이제부터 내 삶의 모토는 정해졌다.

'편안하게 살다가 급속 사망'
오늘 저녁은 현미밥 먹어야겠다.

엇갈린 기억

| 찰스 |

그날에 대한 기억은 그와 나, 서로 엇갈려 있다.

200X년 3월 어느 날씨 좋은 날, 모 대학 실험실. 그날은 일반화학 실험 수업이 있는 날이었다. 당시 우리 학교의 공과대학은 신입생의 커리큘럼을 국, 영, 수, 과로 편성해 운영했다. 공대답게 일반물리, 일반화학, 생명과학 등 세분화된 과학 과목은 교양 필수과목으로 분류되어 있었고, 이 과목들은 학번 순으로 끊어 편성한 반 단위로 함께 수업을 들어야만 했다. 어지간하면 수업만 잘 따라다녀도 자연스레 친구를 만들 수 있는 구조였던 셈이다. 이것이 고등학교 4학년이 아니면 뭐겠냐고 모두가 비웃었지만 나는 사실 마음에 좀 들었다. 하얀 실험복과 얼굴의 절반을 가려주는 고글(개별 구매였다)을 착용하고 스포이트로 실험하는 시간이라니! 영화에서나 보던 장면이 아닌가! 여느 날처럼 실험 준비를 마치고 조교를 기다리고 있을 때, 그가 내게 다가왔다.

"이따 끝나고 점심 같이 먹을래? 내가 사줄게."

개인 사정으로 OT와 신입생 환영회에 빠진 탓에 함께 밥을 먹을 친구가 없던 나로서는 거부할 이유가 없는 제안이었다. 그리고 '그'라면 나도 인지하고 있었다. 조별 과제를 위해 주 2회 모이는 멤버 십여 명 중 가장 재미없는 농담을 던지는 남자였고, 항상 위성처럼 모임의 외각을 빙글빙글 도는 남자였다. 그래, 나라도 놀아줘야지 어쩌겠어. 아웃사이더끼리 돕고 살아야지.

밥을 먹으며 이야기를 나눠보니 그는 생각보다 훨씬 더 특이한 사람이었다. 그가 학창 시절을 보낸 포항의 기숙고등학교는 학생에 대한 체벌이 공공연히 이루어졌고, 그도 많이 맞았다고 했다. 고등학교 시절의 가장 큰 추억이 무엇이냐고 물으니 그는 한밤중에 기숙사를 탈출하여 강당에 악마소환진을 그린 일이라고 했다(물론 걸려서 두들겨 맞았다). 또 고양이를 키우고 싶어 길고양이를 납치해서 집 안에 감금하고 키웠는데 잠시 문이 열린 틈을 타 고양이가 탈출하는 일도 있었다고 했다.

그런 몇몇 특이한 지점을 제외하고는 나와 맞는 부분도 많았다. 노래 부르는 것을 좋아했고, 피시방을 싫어했고, 애니메이션을 좋아했고, 민들레영토를 싫어했다. 자연스레 그와 가까워졌다. 공강 시간에는 함께 노래방에서 목이 터져라 노래를 부르고, 당시 유행하기 시작한 보드게임 카페에서 (사장님도 룰을 몰라서 설명을 못 하는) 새 게임을 뜯어서 영어로 적힌 룰북을 해석하며 플레이하기도 했다. 그렇게 1과 1/2 학기를 함께 보낸 우리에게 세부 전공을 결정해야 하는 시점이 왔다. 1학년은 공과대학 공통 과목을 배웠지만, 2학년부터는 전공에 따른 필수과목을 이수해야 했기 때문이다. 우리에게 선택지는 토목공학(우리 학교에서 꽤 잘나가는 전공이었다), 건축공학 그리고 건축설계가 있었다. 그와 나는 망설임 없이 '건축설계'로 정했다. 입학할 때부터 생각하고 있었기도 하고, 그와 대화를 여러 번 나누었기에 그다지 어렵지 않은 결정이었다.

"우리 학번부터 5년제로 바뀐다던데, 앞으로 널 4년은 더 보겠네."

"그러게, 지겹겠다."

언제나처럼 그의 너스레에 피식, 실소가 흘러나왔다. 이런 식이다. 웃어주고 싶지 않은데, 조금씩 웃음이 샌다. 문득 궁금해졌다.

"그러고 보니, 그때 너 왜 나한테 밥 사준다고 했어?"

"그때? 그때가 언젠데?"

"우리 처음 만난 날 있잖아. 그때 실험실에서."

"아, 그때?"

잠깐 기억을 짚어보던 그는 말을 이었다.

"너 존나 찌질해 보여서."

…응?

"웬 오타쿠같이 생긴 놈이 혼자 비커 들고 실실거리며 웃고 있길래 불쌍해 보여서 밥 사준다고 했지."

…응????

"근데 알고 보니 더 불쌍한 놈이더라. 너 나 아니었으면 친구도 없었을걸? 나한테 감사해라."

…주님, 오늘 또 한 놈 주님의 곁으로 보냅니다.

커피 한잔 할래요?

| 비비 |

    같은 재단의 여중과 여고를 졸업했다. 중학교 3년만 다녀도 전교생 얼굴을 거의 다 알아볼 수 있을 정도로 작은 규모의 학교였다. 마음 맞는 친구와 고등학교까지 같이 다니다 보니 6년 동안 쌓인 우정은 오래된 묵은지처럼 서로에게 진한 향과 여운을 전해주었다.

    화장실 갈 때도 손을 잡고 다녔고 친구와 쉬는 시간이면 매점으로 달려가 허겁지겁 먹던 딸기우유와 단팥빵은 매일 먹어도 질리는 않는 추억 속 음식으로 남아 있다. 그녀는 가족보다 더 많은 시간을 나와 함께했고 가족에게도 하지 못했던 이야기를 맘 놓고 털어놓을 수 있는 나만의 대나무 숲이 되어주었다. 친구와 교환일기를 쓰고 서로가 좋아하는 노래를 녹음한 카세트테이프를 선물하기도 했다.

    한시도 떨어져서는 도저히 살 수 없을 것 같던 우리는 고등학교 졸업 후 서로에게 소원해질 수밖에 없었다. 스무 살이 된 이후 각자의 인생에서 주인으로 사는 것은 그리 녹록지 않았다. 물리적인 거리도 멀어졌지만, 학생과 회사원으로 살며 서로 다른 일상을 살다 보니 자연스럽게 연락이 뜸해졌다. 세월이 흘러 결혼을 하고 각자 가정이 생기며 추억 속 친구를 만나는 일은 명절 연례행사처럼 되어버렸다. 비록 일 년에 겨우 한두 번 만나는 사이가 되었지만 만날 때마다 우리는 어제 본 친구처럼 스스럼이 없다.

어른이 된 후로 마음 맞는 친구를 사귀는 일은 생각처럼 쉽지 않았다. 직장에서 만난 사람들과는 이직하면 자연스럽게 소원해졌고 가끔 카카오톡 프로필에 뜬 생일 알람에 선물 쿠폰을 전달하며 서로의 안부를 전하는 뜨뜻미지근한 관계가 대부분이었다. 특히 결혼한 후로는 더 고립된 생활을 이어갔다.

아이가 어린이집에 가기 전까지 엄마의 유일한 친구는 아이뿐이다. 말 못 하는 아이와 24시간을 버티는 일은 말동무가 필요한 나에게 가장 큰 시련이었다. 혼자 질문하고 답하고 그러다 남편이라도 집에 오면 터진 입은 쉴 새 없이 움직였다. 아이가 어린이집에 가면서 새로운 세상의 문이 열렸다. 나에게 동네 친구가 생긴 것이다. 우리들의 공통분모는 아이들이 같은 어린이집에 다닌다는 사실과 같은 아파트에 산다는 것뿐이었다.

그녀들과의 인연은 정확히 2013년 3월 어느 어린이집 앞에서 시작되었다. 아이를 어린이집에 들여다 보내며 주고받은 눈인사가 익숙해질 무렵이었다. "안녕하세요." 한마디는 서로에게 끌림이 되었다. 이내 "커피 한잔 할래요?"로 진척된 사이는 매일 서로의 집을 오가며 일상을 나누는 사이가 되었고 우정의 농도는 점점 짙어졌다. 힘든 일이 있을 때는 눈물 콧물 같이 흘려주고 좋은 일에는 누구보다 기뻐해주는 이웃사촌이자 육아 동지이자 서로에게 글동무가 되어주었다.

대도시에 살면서 이웃의 정을 나눌 수 있는 인연을 만난 건 분명 행운이었다. 가까이에 살면서 언제든 마음 울적할 때 전화 한 통이면 바로 "나갈게"를 외쳐주는 동네 언니가 지금 나에게는 최고의 친구다. 그런 동네 친구들 덕분에 반듯반듯한 이 도시가 더 사랑스럽고 따스하게 느껴진다.

우리 우정엔 유효기간이 없다. 생산된 날짜는 있지만, 소비기한은 없는 무한대의 우정을 꿈꾼다. 그녀들과 일상도 나누고 삶도 나누고 꿈도 나누는 사이가 되었다. 시니어 연수 가자! 크루즈 여행 가자! 같이 책 쓰자!!

동해에
빼앗긴 마음

이부자's Pick

동해 생활
introduction

한 번쯤 다른 곳에서 살아보고 싶지 않나요?

저는 유치원, 초등학교, 중학교, 고등학교 심지어 대학교마저도 같은 지역에서 다녔습니다. 눈 감아도 훤히 그려지는 동네는 너무 익숙했기에 다른 곳에 산다는 것 자체를 생각하지 못했습니다.

그때 저에게 다른 지역에서 살 기회가 찾아왔습니다. 아버지가 보령시로 발령받았던 것입니다. 그 당시 특별히 할 일이 없었던 저는 평생의 고향을 떠나 아버지를 따라 새로운 도시로 갔습니다.

제가 살던 지역은 관광이 특화된 도시가 아니었습니다. 하지만 보령은 광활한 해수욕장이 펼쳐진 곳이었죠. 보령 집과 해수욕장은 차로 20분쯤 걸렸습니다. 아버지가 퇴근하면 함께 대천해수욕장에 가서 모래밭을 산책했습니다. 언제는 무창포 해수욕장을 갔고, 또 다른 날에는 오천항에 갔습니다. 해가 길어진 여름에는 성주산에 올라가 전망대에서 일몰을 바라봤습니다.

아무 욕심 없이 의식주를 열심히 챙기고 하루에 한 번 꼭 자연과 함께하는 시간을 가질 수 있었던 것은 잔잔하지만 제 인생에 큰 자극이 되었습니다. 내가 이렇게 바다와 산을 좋아했나? 주변에 친구가 없으면 못 살 것 같았고 서울과 멀어지는 게 두려웠는데 제가 적응을 잘한 건지 원래 그런 사람이었는지. '행복'이란 것이 멀지 않다고 제 인생에서 처음으로 느낄 수 있었습니다.

이제는 다시 원래 살던 지역으로 돌아왔지만, 아직도 종종 보령에서의 삶을 추억합니다. 언젠가 다시 그렇게 자연과 가까운 곳에서 살고 싶습니다. 사회 생활하면서 다른 곳에서 잠시 숨 돌릴 수 있는 기회가 쉽게 오지는 않습니다. 저는 어쩌면 운이 좋았을 수도 있겠습니다. 하지만 경험한 후에 더 갈망하게 되는 것도 있는 것 같습니다. 그러던 와중 제가 즐겨 듣는 팟캐스트에서 한 책을 소개받았습니다. 저처럼 도시에서 지내다가 동해로 떠나 1년 정도 여동생과 거주했던 작가의 이야기를 말이지요.

굳이 해외까지 가지 않더라도 인근 다른 지역으로 떠나는 것만으로도 숨통이 트이곤 합니다. 특히 마음이 힘들 땐 더더욱 그렇습니다. 작가도 처음에 힘든 마음을 가지고 동해로 떠났습니다. 동해에서 치유받고, 또 어려웠던 문제들을 극복해간 여러 이야기를 읽으며 동해가 궁금해졌습니다. 보령에서의 나와 달리 작가는 동해에서 무엇을 느꼈을까.

여러분들도 이 책을 읽고 잠시나마 다른 곳에서 산다는 것을 경험해보셨으면 합니다. 다 읽은 후 동해로 떠나면 더 좋지 않을까요?

여행을 그렇게 가고 싶냐? 네.

| 이부자 |

　모태 신앙의 급식 시절이란 방학이 모두 교회 수련회라는 것이다. 물론 이 문장을 읽은 나의 부모님은 억울해하며 자신들은 나를 데리고 많이 놀러 다녔다고 반박할 수 있다. 하지만 그것은 생리학적으로 기억할 수 없는 나이대의 이야기고 어느 정도 기억이란 걸 할 수 있는 시점부터 내가 기억하는 가족여행은 없었다.

　우리 가족을 소개하겠다. 우리나라 토속신앙 사주팔자 맹신론자 아빠와 산후우울증을 믿음의 힘으로 극복한 극성 기독교인 엄마가 있다. 둘 사이에서 태어난 두 명의 자식이 있는데 첫째인 아들은 부모님이 시키는 대로 자아 없이(나는 효성스러운 아들일 뿐이라고!) 사춘기 시절을 보냈고 둘째인 딸은 부모님의 종교 활동에 질려버려 사춘기가 중학교 들어가기도 전에 찾아왔다. 부모님은 무언가를 맹신한다는 점에선 공통점이 있지만, 엄마의 신앙은 쉬는 날을 모두 교회에 반납해야 했다. 따라서 주말, 휴가철, 명절, 크리스마스 등 보통 가족들이 나들이를 결심하는 날들을 가족여행은커녕 신앙생활에 전부 바쳐야 했다. 방학 때도 친구들 얼굴조차 보지도 못했다. 왜냐면 한 달 남짓한 방학 기간에 평균 두 개의 교회 수련회를 참석했기 때문이다. 어른이 된 지금 생각하면 수련회 비용이 꽤 만만치 않았을 것 같다. 어쩌면 가족여행 가는 것보다 비쌌을 수도….

슬프게도 내 어린 시절 추억이라 하면 교회에 대한 기억밖에 없다. 나는 가족과 충분한 시간을 보내지 못한 게 항상 아쉬웠다. 방학 끝나고 친구들은 어디 놀러 갔다 왔다고 자랑하기 바빴다. 나는 여행에 대한 지식이 무지에 가까웠기 때문에 만약 한 친구가 여수에 있는 아쿠아리움에 다녀왔다고 자랑을 하면 나는 여수가 어딘지도 몰랐고 아쿠아리움이 뭔지도 몰랐다. 하지만 나 빼고 모두 그것에 대한 대화를 나누었기 때문에 괜히 '아~ 거기. 나도 가봤어'라는 거짓말과 약간의 상상력을 곁들여 대화에 참여하곤 했다.

아빠는 여름 휴가철에 3박 4일 알차게 연차를 썼지만 집에서 누워만 있었다. 지금 아빠한테 그때 안 심심했냐고 물어보면 "원래 집에서 아무것도 안 하는 게 진정한 휴가야"라고 답한다. 하지만 내 생각에 그건 거짓말이다. 아빠는 휴가 때 혼자서 알차게 여행 다녔다.

앞서 오빠가 자아 없이 엄마의 말을 따랐다고 했지만 오빠도 비슷한 결핍이 있다는 걸 성인이 된 후에 알았다. 오빠는 대학교 입학하자마자 유럽 한 달 여행, 남미 한 달 여행, 동남아 도장 깨기 등 방학마다 해외를 싸돌아다녔다. 해외여행뿐만이겠는가, 동기들과 국내 여행도 줄기차게 다녔다. 다음 달에도 오빠는 일본을 두 번이나 간다고 한다. 여행 가는 거야 자기 선택이니까 그런가 보다 생각했는데 아무도 오빠만큼 대학생 때 해외여행을 다닌 사람이 없었다. 그 이유에 대해서 심도 있는 토론을 할 만큼 오빠와 각별한 사이가 아니라 정확하게는 모르겠지만, 추측 상 오빠도 어린 시절 충족되지 못한 여행의 한이 성인 된 후에 발산된 게 아닌가 하고 조심스레 추측해본다.

나는 지금 어떤가? 유전자 어디 안 간다. 나도 지독한 여행 중독자다. 가족여행을 목말라했던 나는 없다. 이젠 국내에서 안 가본 곳이 거의 없을 정도다. 분기별로 국내든 해외든 떠나야 한다. 갔던 곳을 또 가도 좋고, 새로운 곳을 가는 것 또한 좋다. 자연이 좋다. 바다보단 산과 호수가 좋다. 대형 카페보단 산길이나 해안을 따라 걷는 둘레길이 좋고 맛집보단 그날 먹고 싶은 음식을 검색해서 그때그때 정하는 게 좋다.

무엇보다 여행할 땐 내가 사회의 구성원이 아닌 나 자신으로 있을 수 있는 것 같다. 예전엔 내가 누구냐고 물어보면 이름과 직업 말고는 떠오르는 게 없었다. 하지만 이제 내가 돌발상황에서 어떻게 대처하는지, 언제 벅차오르는 행복을 느끼는지, 무엇을 싫어하는지 정확하게 이야기할 수 있다. 여행에서 오는 여유가 좋다. 여행만 하고 오면 더 나은 사람이 된 것 같은 기분에 사로잡혀 한 일주일 정도 직장에서 스트레스를 덜 받을 수 있다. 삶의 목표도 여행이 어느 정도 정해줬다. 산과 바다와 호수가 있는 곳에서 살고 싶다.

어렸을 때 가족과의 시간이 충분했다면 나도 어디에 진득하니 붙어 있을 수 있었을까? 다들 뚜렷한 인생의 목표가 있는 것 같은데 나만 혼자 물 위에 둥둥 뜬 것 같다. 치열하게 사는 사람들 사이에 나는 눈앞의 여행 계획만 보고 살아간다. 사회에선 그런 나를 잘 받아들여 주지 않는다. 아마 여행 유전자의 본체인 아빠조차도 나보고 남들처럼 잘 살라고 한다.

하지만 내가 생각하는 '잘 사는 것'의 기준은 여행하는 삶이다. 단순하지만 명확하다. 잘 살기 위해(=여행 가기 위해) 저축도 열심히 한다. 하지만 이렇게 여행에 미쳐 있는 게 과연 나의 성향인지, 어린 시절 충족되지 못한 공허를 채우기 위한 발버둥인지는 아직 확실하지 않다. 교회에서의 추억이 별로라곤 애기하지 않는다. 그 안에서 사회를 배웠고, 평생의 친구를 얻었고 어쩌면 남들은 경험하지 않았을 신기한 경험도 많이 했다. 하지만 만약에 내가 그냥 평범한 가족 안에서 자랐으면 어땠을까?라는 의미 없는 가정은 살다가 문득문득 내 안에서 떠오른다.

〈백만엔걸 스즈코〉를 인상 깊게 봤다. 스즈코는 일본 지역을 돌아다니면서 백만 엔을 벌면 떠나고, 또 다른 지역에서 백만 엔을 벌면 다시 떠난다. 나에게 그 영화는 판도라의 상자 같다. 마침, 어디든 먹고살 순 있는 직업을 가졌으니 나도 그렇게 우리나라에 뜬 기름처럼 둥둥 떠다니면서 살고 싶다.

남들처럼 한곳에 정착해서 안정적으로 사는 삶이 내게 올까? 하지만 아무리 생각해도 내 미래는 둥둥 떠다니듯 여행하다가 누군가 비누를 푼 것처럼 거기서 살고 싶어질 때 나의 삶이 그곳과 합쳐지는 거다. 그런 비눗물 같은 사건이 나에게 언제 찾아올지 궁금하다. 그때가 온다면 어쩌면 내 잃어버린 어린 시절을 용서하고 미련 없이 과거를 돌아볼 수 있지 않을까.

다음번 여행에서 앞으로 어떻게 살지 좀 고민해야겠다. 어디로 여행을 갈까?

이번엔 동해가 좋겠다.

담벼락 (기억의 조각 모음)　　　　　　　　| 찰스 |

- 기억 조각 1

13살, 초등학교 6학년이 되던 해, 우리 가족은 U시에서 H시로 이사했다. H시에서의 첫 집은 일반 주택의 2층이었다. 빈 말로라도 잘 지은 집이라고 말할 수 없는, 겨울만 되면 북극 저리 가라 할 만큼 추운 집이었다. 이 집에서 어머니의 건강은 급속도로 나빠졌다. 그해 가을, 어머니는 처음으로 쓰러지셨다. 어머니 스스로는 몸을 일으킬 힘조차 없어서 아버지가 어머니의 상체를 세운 상태로 잡고 있으면 나나 동생이 숟가락으로 꿀물을 떠서 입안에 흘려 넣어야 하는 시간이 일주일이 넘게 이어졌다. 하루는 어머니가 한밤중에 우리 남매를 깨우셨다.

"○○아, 엄마 죽으면 네 동생은 네가 지켜야 하는 거야. 네 혈육은 △△이 하나밖에 없으니까… △△이도 오빠 말 잘 듣고…"

저 말씀 뒤에는 통장이 어디 있고, 비밀번호는 뭐고, 이 통장은 동생 시집갈 때 깨고, 저 통장은 나 대학 갈 때 깨고. 하나님 잘 믿고, 형제간의 우애 중요한 거 잊지 말고, 당신은 재

혼은 안 했으면 좋겠지만 애들 생각하면 어쩔 수 없을 것 같기는 하고.

유언 아닌 유언이 이어졌다. 동생은 울고불고 난리가 났고, 아버지도 그런 소리 하지 말라며 정색을 하셨다. 그렇게 바닥을 찍은 후에야 어머니는 간신히 일어나셨다. 우리는 어머니의 회복을 기뻐하며 있었던 일을 잊으려 했지만 아쉽게도 이런 일은 한 번으로 끝나지 않았다. 몇 년 동안이나 봄, 가을에 반복적으로 어머니가 쓰러지셨던 것이다. 끊이지 않는 통증과 영양 부족 속에 어머니는 날이 갈수록 피골이 상접했고, 우리 남매는 어머니의 사후에 어떻게 행동해야 하는지 반복 강제 학습을 해야 했다. 물론 최초의 그날처럼 눈물과 오열이 이어지지는 않았지만 '설마 이번에는'이라는 두려움은 떨쳐낼 수 없었다. 누구도 원하지 않지만, 끝없이 되풀이되는 반복 학습. 우리의 뇌리에 이 문장만이 남았다.

'부모님은 언젠가는 돌아가신다. 그렇게 되면 세상에는 나와 동생만 남는다.'

- 기억 조각 2
"여기서 내리는 게 맞다니까?"
"아닌 것 같은데?"
"아 내리자고!!"

7살 꼬마는 아직 내릴 때가 아니라고 생각했지만, 2살이나 많은 초등학생 오빠의 짜증이 무서웠다. 불신 가득한 마음으로 자리에서 일어났고 내리자마자 오빠가 말했다.

"어? 여기 아니네?"

가족이 함께 다니는 교회는 집에서 제법 멀었다. 집 앞도 아닌 한참 떨어진 버스정류장에서 버스를 타야 하는데, 심지어 시장 인근에 있는 버스터미널에서 버스를 갈아타기까지 해야 했다. 초등학교 2학년 오빠와 미취학 아동 동생, 둘이서 다니기엔 부담스러운 거리였지만 별수 있나 엄마가 가라면 가는 거지. 다행히 오빠는 길눈이 밝은 편이라 딴생각만 하지 않으면 큰 문제는 없을 것이었다. 그래, 딴생각만 안 하면.

그날이 그런 날이었다. 두 번째 버스에 타면 큰 사거리 세 개를 지나야 하는데, 오빠가 두 번째 사거리를 지나자 내려야 한다고 난리를 친 거다. 어, 어, 하는 사이에 오빠는 이미 하차 버튼을 눌렀고, 버스의 문은 열렸고, 기사 아저씨는 거울로 쳐다보고 있었다. 결국 버스 정류장 하나의 거리를 터덜터덜 걸어가야 했다. 저놈의 오빠 때문에 또 주일학교 지각이다. 이번에야말로 엄마에게 일러서 오빠가 얻어맞는 꼴을 보고야 말겠다. 7살 꼬마는 굳게 결심했다.

- 기억 조각 3

"다 먹기 전엔 들어올 생각하지 마!!"

8살? 어쩌면 9살이었을지도. 꼬꼬마였던 나는 손에 든 스텐 그릇 안에 그득 담긴 노란색 호박죽을 바라보았다. 그리고 함께 그릇을 들고 옆에 서 있는 동생도 보았다. 동생과 나는 입맛이 매우 다른 편이지만 공통적으로 싫어하는 음식이 하나 있다. 바로 호박죽. 그 호박죽을 안 먹는다고 집에서 쫓겨난 것이다.

사실 나야 집에서 쫓겨난 게 한두 번이 아니라 크게 어색하지 않지만, 이번에 처음 쫓겨나 보는 동생은 어쩔 줄 몰라 하고 있었다. 닫힌 현관문과 노란 호박죽, 울상인 동생의 얼굴을 번갈아 가며 보다 결심했다. 우리에겐 선택권이 없다. 이 호박죽을 먹어치워야만 들어갈 수 있다. 두 눈을 꼭 감고 한 입 떠먹는다.

"으엑…."

토할 뻔했다. 도대체 어른들은 이딴 걸 왜 먹는 거지. 엄마는 건강에 좋은 거라고 눈 딱 감고 먹으라고 하시지만, 몸에는 좋은지 몰라도 내 마음에는 안 좋다. 내 표정을 본 동생의 표정이 굳는다. 굳은 표정으로 반 숟가락 슬쩍 입에 넣어보지만, 도로 뱉는다. 망했다. 가뜩이나 맛없는 호박죽, 식으면 더 맛없는데. 체념하고 계단에 앉는다.

"오빠 어떡해?"

"몰라. 어떡하지?"

뭐 어쩌겠나. 그냥 정신줄 놓고 있는 거지. 그러다 보면 엄마가 문을 열어줄 수도 있고. 시간이 얼마나 흘렀을까. 노을도 사라지고 바깥이 어두워지려고 할 때, 계단을 오르는 발소리가 들린다.

"니들 뭐 해…?"

옆집 삼촌이다. 옆집엔 할머니와 할아버지가 노총각인 삼촌 셋을 데리고 산다. 엄마 말로는 할머니가 걱정이 많으시다 했다. 지금 올라온 삼촌은 담배 냄새가 많이 나는 첫째 삼촌이나 무섭게 생긴 셋째 삼촌이 아니라 젤 착한 둘째 삼촌이다.

"엄마가 이거 먹기 전엔 들어오지 말래요."

삼촌은 호박죽과 우리를 번갈아 보더니 피식 웃었다.

"줘봐. 삼촌이 먹어줄게."

"정말요?!?!"

그 이전에는 물론이요, 30여 년이 지난 지금까지도 그보다 반가운 말은 없었던 듯싶다. 옆집 삼촌은 차갑게 식은 호박죽 두 그릇을 순식간에 먹어치웠고, 엄마한테 말하지 말라고 하고는 집에 들어갔다. 우리는 완벽함을 도모하기 위해 5분간 더 기다린 뒤에 벨을 눌렀다.

"엄마! 다 먹었어요!!"

"…그래 들어와라."

지금 생각해보면 옆집 삼촌이 먹어준 사실을 과연 몰랐을까 싶긴 하지만, 그때의 엄마는 아무 말씀 하지 않으셨다. 우리는 엄마가 눈치채지 못한 것 같다며 키득거리며 좋아했다.

나와 동생의 담벼락. 우리가 함께 공유하는 시간의 기억들. 딱히 용건이 없어도 서로의 방에서 쓸데없는 수다를 떨게 하는 힘. 30년이 넘는 시간 동안 연결되어 있던 우리들. 아마도 둘 중 하나가 죽기 전까지는 끊어지지 않을 관계. 네가 있기에 나도 존재한다. 고맙다 내 동생.

번외 편.
"오빠 아까 거기서 왜 그런 소리를 했어?"
"…아니 난…"
"오빠가 그런 소리 하면 엄마 아빠가 더 곤란해지시는 거 몰라?"
"…아니 그러니까 그게…"
"도대체 오빤 눈치라는 게 없어? 무슨 말을 해야 하는지 모르면 입이나 다물고 있던지!"
"……"
…아주 고오맙다 동생아….

여행 중독자

| 비비 |

　여행의 사전적 의미는 일이나 유람을 목적으로 다른 고장이나 외국에 가는 일을 뜻한다. 나에게 있어 여행은 일보다는 유람에 치우쳐 있다. 좀 더 솔직히 말하면 반복되는 일상을 벗어나는 것으로도 충분히 매력적이기에 여행의 목적을 생각해본 적이 없다. 여행 가방을 싸며 설렘을 느끼는 사람이 나다. 관찰자 시점으로 낯선 세상에서 익숙하지 않은 일상을 들여다보며 몰랐던 나를 만나게 된다. 하루의 시작과 끝을 내가 원하는 대로 만들고 누릴 수 있다. 나에게 여행은 자유다.

　스물한 살 때 처음으로 해외여행을 떠났다. 일본어를 전공하고 있었고 방학을 맞아 학교 선배와 친구들이 일본으로 여행을 간다기에 무작정 따라나섰던 여행이었다. 당시는 지금처럼 구글 맵이라든지 인터넷이 원활하지 않던 시대라 지도를 보며 목적지를 찾아가야 했다. 문자로 배운 일본어를 현지인에게 직접 사용했을 때의 생경함이 아직도 또렷이 기억난다. 일본

여행을 통해 해외여행에 대한 막연한 두려움도 해소할 수 있었고 앞으로 어디든 떠날 수 있을 것 같은 자신감을 얻었다.

결국 이듬해 나는 휴학을 했고 뉴질랜드로 워킹홀리데이를 떠났다. 누군가의 도움 없이 1년 동안 외국에서 혼자 지낼 결심을 하다니 지금 생각해도 이십 대의 나는 당찬 구석이 있었다. 뉴질랜드에 도착할 무렵 영어가 능숙하지 않아 3개월 동안 어학원에 다녔다. 어학원 수강생들은 영어를 배우러 온 중국인, 한국인, 일본인 등 대부분 아시아인이었다. 자연스럽게 한국인들과 친하게 되었고 나의 영어는 좀처럼 늘지 않았다.

어학원에 다니느라 한국에서 가져온 돈도 차츰 바닥나기 시작했고 불안한 마음에 일자리를 수소문하기 시작했다. 짧게 배운 영어로 도시에서 일자리를 구하는 것은 불가능했다. 어학원에 같이 다녔던 한국 언니로부터 와이너리(와인 양조장)가 많은 도시에는 일자리가 많다는 소식을 접했고 북섬을 떠나 남섬으로 가기로 결심했다. 사실 이사랄 것도 없었다. 큰 여행 가방 하나가 내가 가진 전부였다. 가벼운 짐 덕분에 마음만 먹으면 어디든 쉽게 이동할 수 있었다.

내가 찾아간 해스팅스 지역은 뉴질랜드에서 여행자들이 돈이 떨어지면 모이는 곳으로 유명했다. 이곳에서는 영어 구사 능력은 그다지 중요치 않았고 사과 따기, 포도 따기 등 온전히 육체노동만으로 돈을 쉽게 벌 수 있었다.

나는 이곳에서 돈도 벌고 영어 실력도 다지고 싶었다. 한국 친구보다 외국인 친구를 많이 사귀는 것이 나의 첫 번째 목표였다. 나의 예상대로 숙소에는 다양한 국적의 친구들이 있었다. 레드 아저씨는 오십 대로 이탈리아에서 작은 호텔을 운영하며 일상에 지치면 주기적으로 해외여행을 떠난다고 했다. 단순히 여행만 하는 것이 아니라 돈이 떨어지면 일을 해서 여행 경비를 마련한다고 했다. 그래서 이곳에 왔다고 했다. 나처럼 영어가 초급 수준이었던 아저씨는 늘 말문이 막히면 하얗고 가지런한 이를 드러내며 웃었다. 손짓, 발짓을 동원해 우리는 다른 듯 같은 언어를 온전히 이해할 수 있었다. 아저씨의 이탈리아식 영어 발음이 참 낯설었다. 나의 콩글리시도 그에게는 마찬가지였을 터.

고등학교 졸업 후 바로 뉴질랜드로 온 열여덟 살의 독일 소녀 레나는 네 것 내 것이 분명해 식빵 한 조각도 허투루 나누어주지 않았고 사놓은 잼이 떨어졌다고 해도 순순히 빌려주는 법이 없었다. 한 숙소에서 3개월 이상 머물다 보니 누가 봐도 우리 둘은 절친에 가까웠으나 가끔은 그녀의 행동에 서운한 마음이 들기도 했다.

고등학교를 졸업하면 대학에 입학하는 것이 당연하다고 생각했던 나는 레나를 통해 인생에도 다양한 경로가 있음을 알게 되었다. 네덜란드에서 온 크루즈 요리사 렌소는 주말마다 다양한 요리를 만들어 친구들의 입을 즐겁게 해주었고 누구보다 내 이야기를 잘 들어주는 착한 친구였다. 그리고 일본 공항에서 일하다 휴직 후 뉴질랜드로 여행 온 치호는 가깝고도 먼 나라의 친구 느낌이 아니라 그냥 원래 알던 사이처럼 처음부터 친해졌다. 숙소의 친구들과 나는 매일 아침 눈을 뜨면 함께 일터인 포도농장으로 향했고 해 질 무렵 숙소로 돌아오면 약속이라도 한 듯 매일 밤 파티를 열었다.

젊음과 영어라는 공통분모는 우리 사이를 더 끈끈하게 만들었다. 저마다 다른 이유로 뉴질랜드에 왔지만 같은 일상을 나누었기에 할 이야기도, 나누고 싶은 이야기도 다양했다. 비록 우리가 하는 영어가 서로에게 완벽하지 않았지만 좋은 친구가 되는 데 부족함이 없었다. 1년간의 뉴질랜드 생활을 마무리한 후 한국으로 돌아오기 전 친구들과 이메일을 주고받았고 그 후로도 가끔 서로의 안부를 전했다. 하지만 시간이 흐르며 자연스럽게 하나둘 연락이 끊어졌다.

그러던 어느 날 국제우편물이 집으로 왔다. 일본에 사는 치호였다. 뉴질랜드에서 한국 주소를 묻길래 알려주었고 그것을 기억해 나에게 편지를 보낸 것이다. 이십 대 중반 일본 여행을 떠날 기회가 있었고 치호는 나를 나고야로 초대했다. 선술집에서 치호 남편과 맥주잔을 부딪치며 웃던 젊은 시절 우리의 모습이 아직도 생생하다. 그로부터 몇 해 뒤 치호가 두 딸을 데리고 한국으로 여행 온다기에 나는 한 치의 망설임 없이 우리 집으로 초대했다. 치호의 손 편지를 계기로 일본과 한국을 넘나들며 우정을 나누고 있다.

2023년 여름 십 년 만에 치호가 둘째 딸을 데리고 다시 한국을 방문했다. 당시 여섯 살이던 꼬마는 열여섯 살 숙녀로 변해 있었다. 어릴 때 귀염둥이 모습은 온데간데없고 새초롬하고 예쁘장한 사춘기의 유마가 우리 눈앞에 나타났다. 이야기를 나누다 일본에도 중2병이 있다는 치호의 말에 나도 그녀도 박장대소했다. 누가 알았을까? 뉴질랜드에서 만난 친구와 이십 년 넘게 연락하게 될 줄을. 여행은 나에게 늘 새로운 인연을 선물했다.

대학을 졸업한 후 싱가포르 공항에서 지상직 인턴으로 일 년 동안 근무하게 되었다. 휴가 때마다 태국, 인도네시아, 말레이시아 등으로 떠나 그곳의 일상을 눈에 가득 담아 올 수 있었다. 물론 이방인으로 외국에서 생활하는 것은 고난의 연속이기도 하다. 한국과 달리 서류 처리가 늦고 언어가 다르니 외국인들과 감정을 나누는 데도 한계가 있었다. 공항에서 일하며 24시간 돌아가는 시스템 때문에 몸은 고단했지만, 공항이라는 장소가 주는 설렘을 일과 중에서도 느낄 수 있었다. 체크인 카운터에서 어디론가 향하는 사람들의 목소리와 얼굴을 보고 있으면 내 것은 아니지만, 알 것 같은 설렘이 느껴졌다.

인턴 기간 종료 후 한국으로 돌아와 평범한 회사원으로 지내며 틈이 날 때마다 나는 비행기 티켓을 검색하며 엉덩이를 들썩거렸다. 부지런히 떠난 덕분에 나는 이십 대를 여행이라는 경험으로 오롯이 수놓았다. 여행지에서의 추억은 일상에서 힘이 들거나 지칠 때마다 나를 그곳으로 불러내 위로해주었다. 사진 속 내 모습을 보며 에너지를 얻었다.

삼십 대가 되어 반쪽을 만나 결혼을 하고 두 아이의 엄마가 되었다. 예전만큼 자유롭게 떠날 수는 없지만 든든한 여행 동지를 만났다.

현재 나는 우리 집 무료 투어 가이드로 근무한 지 14년 차다. 고객들의 만족도는 늘 최상이다. 물론 따로 설문지를 돌려 고객의 속내를 들어본 것은 아니나 연초가 되면 올해는 어디로 여행을 떠날 것인지 나에게 묻는다. 지금까지 23개국 50여 개가 넘는 도시를 여행했다. 앞으로 얼마나 더 많은 곳으로 떠날 수 있을지 모르지만, 오늘도 나는 낯선 도시의 낮과 밤을 상상하며 비행기 티켓을 검색한다.

그날은 그게 나의 최선이었다 | 혜윰 |

'혼자 여행'이라는 이름 아래 집을 나선 건 그날이 처음이었다. 그래봤자 당일치기였지만, 여러모로 잊을 수 없는 날이다. 2014년 4월 17일.

17일 전, 나는 새로운 회사에 입사했다. 전 직장에서 퇴사하고 4개월을 쉰 후였다. 파견직이긴 했지만 면접관의 눈에 들어 면접을 보고 2시간 만에 연락이 왔다. 하루라도 빨리 실무에 투입되길 바라서였다. 나도 다시 열심히 해보겠다는 마음으로 출근을 했고 이틀 동안 정신없이 업무를 배웠다. 아니, 옆에서 업무를 구경했다. 매뉴얼도 없이 주먹구구식으로 후루룩 설명해 주는 걸 열심히 받아 적었다. 시스템에 로그인하는 방법과 자주 들어가는 메뉴 세 개만 알려주고 끝이었다.

3일 차 되던 날 실제 업무를 시작하라고 했다. 나는 버벅거릴 수밖에 없었고, 알려주지 않은 많은 것을 혼자 끙끙대고 해결하려니 실수가 잦았다. 거기에 고객과 직접 콘택트를 해야 하는 업무였으니 민원이 들어올 수밖에. 일주일도 안 돼서 일

처리가 서툴다고, 경력직이 맞냐며 구박하기 시작했다. 3일이면 충분히 배운 것 아니냐고 했다.

동종업계여도 회사마다 다른 시스템과 기준이 있건만, 경력 20년 차라면 3일 만에 가능했을까? 그럼에도 나는 스스로가 한심스러워 근무 시간은 어찌어찌 잘 참다가 퇴근을 하면 터져 버리곤 했다. 당시 회사가 명동에 있었는데, 서울역까지 일부러 걸어서 갔고, 걸어가는 내내 울었다. 한심하고 억울해서 울었다. 펑펑 울고 집에 가면 다음 날 출근할 힘이 생겼다. 그렇게 딱 2주를 다녔다. 매일 울면서 퇴근했다. 4월 15일에 집안 사정을 핑계로 다닐 수 없게 되었다는 전화만을 남기고 도망쳤다.

도망친 내가 싫었다. 집에 있으면 내가 싫어서 무슨 짓을 할 것만 같았다. 멀지 않지만 오래 걸을 수 있는 곳이 필요했다. 그렇게 찾은 곳이 남양주의 능내역이었다. 데이트 코스로 소개하는 블로그의 자그마한 간이역사와 카페 사진이 예뻐 마음이 갔다. 전철을 타고 팔당역까지 가서 능내역까지는 걸어갈 수 있는 거리였다. 남한강 물길 따라 자전거 코스가 잘 되어 있었고 그 길을 따라 걸으면 될 것 같았다. 한참 동안 걷기 코스를 알아보다가 긴급 뉴스로 그 소식을 접했다. 알아보던 걸 멈추고 자기 전까지 뉴스를 봤다.

다음날, 나는 속도 없이 아침 일찍 집을 나섰다. 부평역에서 팔당역까지 전철만 1시간 50여 분이 걸렸다. 전철에서는 이어폰으로 노래를 들으며 귀를 틀어막고 자는 척하며 눈물을 틀어막았다. 팔당역에서 나와 핸드폰 지도 앱을 보며 걸었다. 남한강을 옆에 끼고 초계 국수를 파는 가게들을 지나고 예쁜 카페들을 지나 건물이 없어지고 길과 자연과 나만 남았다. 자연을 친구 삼아 걸었다.

갈림길이 거의 없는 동선이었기에 계속 걷기만 했다. 갑자기 외로워졌다. 슬퍼지기까지 했다. 코끝이 시큰하고 눈물이 나려 할 때 터널이 나왔다. 땀이 막 나려던 참이었는데 터널에 들어가니 시원했다. 폐철길이 지나는 긴 터널이었다. 조명은 없지만 터널 양 끝에서 들어오는 빛으로 걷기 어려울 정도는 아니었다. 그리고 아무도 없었다. 울어도 알아차리지 못할 곳이었다.

터널을 빠져나오자 외로움도 슬픔도 옅어졌다. 오히려 기분이 좋아졌다. 난 울고 나면 후련해져서 기분이 좋아지는 사람이니까. 그렇게 걸으니 능내역을 빨리 가보고 싶다는 마음만 남았다.

터널을 지나자 팔당호가 넓게 펼쳐져 있었다. 평화롭고 고요했다. 전철에 내리고부터는 이어폰을 끼지 않고 있었는데 그러길 잘했다고 생각했다. 새들이 지저귀는 소리, 물 흐르는 소리, 보이지도 않는 작은 동물이 풀 사이를 돌아다니는 소리, 바람에 흔들리는 나뭇잎 소리. 그리고 자전거길을 지나가는 자전거 바퀴 소리, 뽕짝이나 올드팝 음악 소리가 자전거 바퀴 소리와 함께 지나갔다. 걷는 사람은 드물었지만 자전거를 탄 사람들이나 달리기를 하는 사람은 심심치 않게 보였다. 종종 보이는 쉼터에는 다산 정약용의 시가 전시되어 있었다. 구경하는 맛이 있었다.

드물게 내 옆을 스쳐 지나가는 이들은 그 사고 이야기를 했다. 그들의 이야기를 들을 때마다 뉴스 검색을 했다. 좋은 소식은 없었다. 한국의 빨리빨리 습관 때문에 안전불감증이 더해갔다는 내용의 기사를 보았다. 아침에 아이들에게 옷을 빨리 갈아입지 않는다고 소리를 쳤던 것이 생각났다. 마음이 불편해졌다. 간사하게도 사람은 어떤 큰 것보다도 나와 관련한 사소한 것을 더 심각하게 여기기 마련이다. 사소한 것에 불편해진 내 마음을 알아차리고 화들짝 놀랐다. 나도 별수 없는 인간이구나.

약 2시간을 걸어 도착한 능내역은 관광지의 화려한 모습이었다. 조용하고 소박한 모습을 기대했건만. 능내역 옆에는 카페가 떡 하니 자리했고 카페 테이블이 철길을 장악하고 있었다. 자그마한 역사 건물이 마치 카페의 부속 건물 같아 보였다. 그래도 역사 안에는 역의 지난 과거를 보여주는 사진이 전시되어 있었다. 누군가의 아버지, 어느 장난꾸러기 남매, 개구쟁이 친구들, 지금도 있을지 모를 어느 마을의 우체부. 애잔함과 슬픔이 느껴졌다. 또 울컥해버렸다.

사실 대중교통으로 오기에 결코 가깝지 않은 이곳을 굳이 그날 가야 했던 건 뭔가를 쏟아내고 싶어서였다. 불안, 죄책감, 자괴감, 비겁함, 나에 대한 분노를 걸으면서 털어내고 싶었다. 울어버리고 몸이 고단하면 다른 생각을 하지 못할 테니까. 그날이어야 했던 이유는 없었지만 단 하루도 미루고 싶지 않았다. 게다가 혼자 갔다는 사실도 중요했다. 그러나 걸으며 떨쳐버리려던 마음들이 어디로 갔는지 사라졌다. 도착했을 때는 내가 왜 여길 오려고 했었는지조차 잊었다. 다른 곳은 보지 않고 폐역의 모습만을 감상했다. 그거면 되었다 싶었다.

내게 있었던 2주 동안의 일은 흔하디 흔한 일이고 나처럼 도망쳐 나온 사람도 많을 것이다. 나만 그런 일을 겪는 게 아닐 테니까. 그럼에도 그때의 나에게는 견딜 수 없는 일이었다. 능내역을 도착하기 전까지는 그랬다.

도착하고 나니 거짓말처럼 아무것도 아닌 일이 되었다. 그저 속없는 한 나약한 인간이 고작 직장을 때려치운 일을 대단한 일인 양 굴었다는 사실만 남은 것 같았다. 믿을 수 없이 크고 거대한, 전 국민을 비탄과 슬픔에 빠지게 한 참사를 두고 말이다. 나는 내가 살아야겠다는 생각과 기사를 보며 모두가 무사하길 바란다는 생각을 같은 크기로 여겼다. 하지만 그때는, 그날은 그게 나의 최선이었다.

집에 돌아와 오래도록 다시 직장을 구하지 못했다. 두려움이 앞섰다. 내가 다시 일을 할 수 있을지, 다시 시작이라는 것을 할 수 있을지, 사람들 사이에 낄 수 있을지 의심이 들었다. 그리고 4월 17일 단 하루, 그 사건에 마음을 쓰지 않았다는 죄책감 때문이었는지, 자식을 가진 부모로서 느낀 비통함이었는지 오래도록 뉴스만 보았다. 왜 그랬는지는 그때도 몰랐고 지금 생각해도 잘 모르겠다. 10년 가까이 지난 지금도 참사에 대한 소식을 들을 때면 능내역이, 걸었던 길이 생각난다.

빼앗긴 자들

introduction

성인 되고 취업해서 돈을 벌면 자유롭게 살 수 있을 줄 알았습니다. 내가 번 돈으로 사고 싶은 옷 사고, 먹고 싶은 거 먹고, 저축해서 차랑 집 사는 것이 현대인의 축복이자 권리라고 생각했어요.

하지만 자유는 그것이 아니었습니다. 오히려 돈의 한계를 깨닫고 학생 때는 느끼지 못했던 더 큰 억압을 경험했습니다. 돈의 차이가 자유의 차이를 만들어내는 것은 진정한 자유가 아니었어요. 자유롭지 못한 건 저뿐만이 아닌 것 같습니다. 수많은 뉴스와 보도에서 사람들이 얼마나 돈에 목매고 있는지 알 수 있으니까요.

애초에 제 삶은 남들만큼만, 아니 남들보다는 조금 더 여유롭게 살기 위해 아등바등하는 삶이었습니다. 이 모든 비교는 어디에서 비롯되었을까요? 이런 비교가 없는 삶은 가능한 걸까요? 만약에 없다면 이 세상은 어떤 모습일까요? 존재하지도 않는 세상을 그리며 상상만 했었습니다. 상상을 구체화시켜준 책이 있다는 걸 알기 전까지는요.

『빼앗긴 자들』엔 두 가지 상반된 사회가 나옵니다. 한 사회는 현재 우리의 삶과 유사하며 다른 사회는 앞서 말한 것처럼 비교가 없는 사회입니다. 읽으면서 끊임없이 나에게 어느 사회가 더 적합한지 고민하며 읽었습니다. 삶의 방향에 대해서 고민될 때 자기계발서보다 어쩌면 더 도움이 될 수 있는 책이라고 느꼈습니다.

이 책에 대한 글쓰기는 다른 글쓰기와 다르게 새로운 시도를 했습니다. 서로 번호를 불러 페이지를 정한 후 그곳에 나온 첫 번째 단어로 '시'를 쓰는 것이었습니다. 시 쓰기는 글쓰기보다 더 시간이 오래 걸리고 생각을 많이 해야 했습니다. 다른 분들의 감성과 생각을 엿볼 수 있는 기회여서 새로웠습니다. 다양한 글쓰기를 할 수 있었던 이번 모임이 감사할 뿐입니다.

쿰바카

| 이부자 |

 소녀에게 가진 것을 다 내놓으라 하면 소녀는 그저 고개를 끄덕거리며 자기가 가진 것을 내놓으려 하는데 소녀가 가진 것이라면 가지고 있는 가방 한 개 입고 있는 옷이 전부였으니 가방과 옷을 주는 것이 마땅하다. 그러나 소녀는 하늘을 바라보며 미소만 짓고 있다.

 숨을 쉴 때는 코로 숨을 쉬어야 한다. 비강의 기능은 공기의 노폐물을 걸러주고 가습과 가온의 과정을 거쳐 바깥의 공기를 내 공기로 만들어주는 기능을 한다. 코로 깊이 숨을 들이쉬면 흉곽이 팽팽히 부풀어 이때 자칫 잘못 몸을 움직이면 갈비뼈가 부러질 수 있으니 욕심부리면 안 된다는 걸 알지만서도 왜 자꾸 숨을 크게 들이쉬고 나가는 숨이 아까워 쿰바카를 한다.

 많은 걸 주고 싶은 소녀는 숨을 들이쉰다. 흉곽이 커지고, 갈비뼈가 부러지고, 목이 없어질 만큼 가슴이 부풀어 오르도록. 그녀의 몸은 곧 그녀의 시선을 따라간다. 우리도 소녀의 시선을 따라간다. 그때 소녀가 쿰바카를 하자. 빵.

옷과 가방이 아니라 그녀는 우리에게 모든 것을 주었다.

바보스러웠다고 말했잖아

| 찰스 |

소파에서 너는 말했지
레서판다가 세상에서 가장 귀여운 것 같다고
책 속의 레서판다와 책 밖의 너를 보며 웃었지
네가 훨씬 더 귀엽다고.

식탁에서 너는 말했지
딸기 케이크가 세상에서 가장 맛있는 음식일 것 같다고
과자를 욤뇸뇸뇸 씹어먹는 너를 보며 웃었지
케이크는 몸에 안 좋았다고.

욕조에서 너는 말했지
파란 바다에서 헤엄치면 정말 신날 것 같다고
찬물을 뒤집어쓰며 소리 지르는 너를 보며 웃었지
바다는 이것보다 더 차가웠다고.

현관에서 너는 말했지
마스크를 쓰지 않으면 행복할 것 같다고
턱 끈을 조이고 너의 머리를 쓰다듬으며 미소 지었지
언젠가는 파란 하늘을 볼 수 있을 거라고.

가시거리가 10m도 나오지 않는 거리에서
스쿨버스를 기다리며 네가 물었지
그때 그들은 왜 그런 선택을 했냐고
버섯구름 이후에 찾아올 것이 무엇인지 알면서도,
이렇게 될 줄 알았으면서 왜 막지 않았냐고.

말했잖아.
바보스러웠다고.

세 번째 방

| 비비 |

첫 번째 방에는 두 사람이 있었어
한 사람은 악다구니를 부렸고
다른 한 사람은 짐승이 되었어
해가 뜨면 지난밤 아무 일도 없었다는 듯
두 사람은 각자의 일터로 향했어
밤새 가득했던 울음과 원망과 미움은
아침 햇살에 희미해져버렸어

두 번째 방에는 세 사람이 있었어
두 사람은 변함없이
서로의 몸과 마음에 상처를 남기고 있었어
아무도 말리지 않았어
나 아닌 타인의 상처에
위로할 사람도 공감할 사람도 그곳에는 없었어
서로가 서로의 방관자가 되어

방안에는 피해자만 있었어

세 번째 방에는
한 사람만 남았어
방관자였던 자신은 잊은 채
자신의 몸에 남은 흉터만
자신이 겪은 고통만
아프다고 생각했어
그들에게 준 상처는 기억하지 못했어
몸에 난 흉터는 가릴 수 있었지만
그들 마음에 난 상처는
눈감는 날까지 치유할 수 없다는 것을
그는 몰랐어
방안에는 외로움만 가득했어

울음이 한자리에 머물면

| 혜윰 |

초점 없는 눈과 앙다문 입은 두리번거리지 않는다
발이 없는 것처럼 몸이 크게 움직이지 않는다
눈은 초롱하지만 초점은 없다
밤길을 그렇게 맨발로 홀로 걸어다닌다
커튼 뒤 그림자의 눈동자들은 걷는 이를 쫓는다
새벽 공기가 가라앉을 즈음 돌아가 잠을 잔다
먹지 않아도 배고프지 않고 씻지 않아도 깨끗하다
발에 상처 하나 먼지 하나 없다

초점 없는 눈과 앙다문 입이 두리번거린다
천천히 걷는 데도 온몸이 마구 흔들린다
가슴을 치며 울음이 시작되고
눈물에 가려 눈동자가 보이지 않는다
맨발로 걷는다 발이 더러워지고 상처가 난다
커튼 뒤 그림자들이 하나둘 모습을 보인다

초점은 없지만 걷는 이를 쫓는 눈은 초롱초롱하다

울음이 잦아들면 뛰기 시작한다
뛰다가 멈추면 울음이 다시 시작한다
새벽 공기가 물러나고 햇살에 정수리가 뜨거워져도
울음은 멈추지 않는다

사람들이 말한다
사흘만 버티면 돼
의문도 미안함도 걱정도 없는
표정이라는 단어를 삼켜버린 얼굴들이 입만 움직인다

사흘을 내리 울던 이의 울음이 한자리에 머문다
가슴을 치며 운다
가슴이 답답해지는 울음이 있다고 하는데
누가 울면 따라 우는 이 있다는데
눈물에 눈물로 답하는 이 있다는데
우라스에나 있는 건가
여기에는 없다

울음이 머문 자리에 사람들이 모여든다

각자가 준비한 종이를 잇는다
울음이 잦아들고 울던 이는
그들이 준비해놓은 종이에 그림을 그리기 시작한다
온몸으로 울었듯 온몸으로 그림을 그린다

숨이 넘어갈 듯한 마지막 울음을 토해내며
그림의 마지막 터치를
울음이 멈췄다.

몰려든 사람들이 그림의 조각을 하나하나 가져간다
사람들의 얼굴 근육이 자유롭게 움직이기 시작한다
웃는다 운다 찡그린다 실룩댄다

나오는 말

팔 개월의,

긴 여정이었다. 여덟 권의 책을 읽고 총 서른두 편의 글을 완성했다. 각자 짧은 소설 한 편과 시 한 편을 썼다. 중간 퇴고를 하자며 가을에는 숙소를 잡고 밤새워 글을 쓰고 고쳤다. 누군가와 글로 밤을 지새운 건 처음이었다. 다음날 집으로 가는 길에 함께한 멤버들에게 사랑한다고 메시지를 남겼다. 진심이었다.

함께 책을 읽고 키워드를 뽑아 에세이를 써보자는 제안을 단 한 명의 낙오자 없이 해낼 줄은 몰랐다. 이왕 쓰는 거 책으로 만들면 좋겠다는 말에 눈은 또 얼마나 반짝이던지. 그거 하나만을 보고 오늘까지 달려왔다. 진짜로, 책이 나왔다.

보름에 한 번, 우리는 온전히 식구였다. 모임이 있는 날 오후가 되면 "그런데 오늘 우리 뭐 먹죠?"라는 말로 그날의 모임을 예고했고 메뉴를 결정하는 어려운 일을 끝내고 나서야 글 쓸 걱정을 했다. 뭘 써야 할지 모르겠다는 말이 대부분이었다. 책

토론이 있는 날도, 글을 쓰는 날도 "일단 밥부터 먹죠" 하고 밥을 먹으며 서로의 근황을 물었다. 배가 차면 그제야 글을 쓰기 시작했고 쓴 분량에 대해서 합평했다.

 밥을 같이 먹었을 뿐이고 글을 같이 썼을 뿐이다. 단지 이 두 행위만으로 우리는 가까워졌다고 나는 그렇게 생각한다. 어떤 일을 겪었는지 어떤 사람을 만나고 어떤 일을 하며 어떤 삶의 철학을 만들게 되었는지. 독서 모임에서도 결국엔 자기 이야기를 하게 되는데, 거기에 글까지 썼으니 나를 얼마나 드러냈겠는가. 누군가와 친해지고 싶다면 밥을 먹으라고 하던데 밥도 밥이지만 앞으로는 글을 같이 써보기를 추천한다.

 누가 이 책에 관심이나 있을까 싶지만 같은 책을 읽고 이렇게 다른 글이 나올 수 있다는 걸 보여주는 좋은 사례가 되고 싶다. 책을 읽다 보면 글을 쓰고 싶은 순간이 생기곤 한다. 공감한 부분에 밑줄을 긋거나 플래그를 붙이다 불현듯 떠오르는 단상을 글로 펼쳐보라고 말하고 싶다. 눈으로 읽고 머릿속에만 담아놓은 생각을 글자로 토해내어 붙잡아보는 건 어떨까. 나만 보는 노트에 필사하는 것으로 만족할 수도 있고 짧은 감상을 남길 수도 있다. 길게 서평을 써서 SNS에 올릴 수도 있다. 쓴다는 건 새로운 나를, 또 다른 독서 경험을 가져다줄 것이다.

  글 한번 같이 써볼래요?

- 혜윰

부록
우리가 함께 읽은 책

『나는 왜 쓰는가 – 조지 오웰 에세이』
조지 오웰 지음, 이한중 옮김, 한겨레출판, 2010

『고통에 공감한다는 착각』
이길보라 지음, 창비, 2023

『고래』
천명관 지음, 문학동네, 2004

『우리가 키스할 때 눈을 감는 건』
고명재 지음, 문학동네, 2022

『남자들은 자꾸 나를 가르치려 든다』
리베카 솔닛 지음, 김명남 옮김, 창비, 2015

『유원』
백온유 지음, 창비, 2020

『동해 생활』
송지현 지음, 민음사, 2020

『빼앗긴 자들』
어슐러 K. 르 귄 지음, 이수현 옮김, 황금가지, 2002

열다 시리즈 2
한 달에 두 번, 우리는 글 쓰는 식구가 됩니다

초판 1쇄 인쇄 2024년 5월 22일
초판 1쇄 발행 2024년 5월 29일

지 은 이	촬스, 비비, 혜윰, 이부자
발 행 인	김은철
책 임 편 집	정세희
편 집	배은미, 박상미
디 자 인	서이
제 작	넥스트프린팅
펴 낸 곳	오리너구리
등 록	2024년 2월 2일
주 소	인천광역시 연수구 앵고개로 264번길 30-3 3층
전 화	032-816-7169
전 자 우 편	ori_rakkun@naver.com
인 스 타 그 램	@ori_rakkun

ⓒ촬스·비비·혜윰·이부자, 2024
ISBN 979-11-987419-1-2 03810

이 책은 저작권법의 보호를 받는 저작물로 무단 전재, 복제, 배포를 금합니다.
이를 위반 시 민사 및 형사상의 법적 책임을 질 수 있습니다.
책 내용의 전부 또는 일부 내용을 이용하려면 반드시 사전에 저작권자와 출판사의 서면 동의를 받아야 합니다.